Grammar joy

초등 보카

2

저자 **이종저**

이화여자대학교 졸업
Longman Grammar Joy start 1,2권
Longman Grammar Joy 1,2,3,4권
Longman Vocabulary Mentor Joy 1,2,3권
I am Grammar 1,2권
Grammar & Writing 1,2,3 권
Polybooks Grammar Joy start 1,2권
Polybooks Grammar Joy 1,2,3,4권
Polybooks Grammar Joy 중등영문법 1a,1b,2a,2b,3a,3b
Polybooks Bridging 초등 Voca 1,2권
Polybooks Grammar Joy &Writing 1,2,3,4권

저자 **Vivian Park**

International Business — B.A[Hons] Cambridge
Accenture, Facebook

Grammar Joy 초등 Voca 2

지은이	이종저, Vivian Park
펴낸곳	Polybooks
펴낸이	Polybooks 영어교재연구소
편집 기획	박영교
삽화	최상

초판 1쇄 인쇄   2024년 10월 15일

Polybooks
경기도 파주시 청석로 272, 11층 1004호 A58 (동패동 센터프라자 1)
전화 070-779-1583   FAX 031-262-1583

Grammar joy

초등보카

2

Preface

안녕하십니까? Longman Grammar Joy 시리즈의 원저자이며 Longman Vocabulary Mentor Joy의 원저자이기도 한 이종저입니다. Longman으로부터 독립한 후 polybooks를 설립하여 운영한지도 벌써 7년 가까운 세월이 흘렀습니다. 초창기의 여러 가지 혼란 속에서도 많은 격려와 변치 않는 지지를 보내 주신 덕분에 polybooks는 나날이 성장하고 있습니다. 본인은 Vocabulary 학습에 phonics개념을 처음 도입하여 출간한 Longman Vocabulary Mentor Joy의 반응을 잊지 못하고 있으며, 아직도 그 책에 대한 소비자들의 요청이 있어 Vivian Park 선생님과 함께 완전 달라진 모습의 Joy 초등 Voca를 출간하게 되었습니다.

어학 교육에 있어서 어휘능력은 절대적으로 필요한 부분이고, 따라서 이를 위해 학습현장에서도 교사들과 학생들이 많은 노력을 기울이고 있습니다. 그러나 무조건 단어를 외우게 하기에는 학생들에게 많은 어려움과 부담이 따르고 심지어는 단어학습에 싫증을 낼 수밖에 없다는 것을 알고, 그 문제점을 반영하여 교재를 만들게 되었습니다.

본 교재는 철저한 phonic rule을 적용하여 알파벳의 음가를 철저하게 익히고, 각 단어의 meaning을 연결시키도록 구성하였습니다. 특히 Rhyme별로 제시되 단어들은 자연스럽게 그 규칙을 이해하고 체계적으로 학습할 수 있도록 정리되어 있습니다. 또한 QR코드를 이용하여 간단하게 정확한 원어민의 발음을 따라하고 그 의미를 깨우침으로써 한층 재미있고 효과적으로 공부할 수 있도록 유도하였습니다.

특히 본 교재는 이전과는 달리 phonics에 과도하게 치중하여 잘 사용되지 않는 단어들은 최대한 배제하고 초등 필수 800 단어 내에서 가장 적합하다고 생각되는 단어들을 각별히 신중하게 선별하여 수록하였습니다.

더불어 단어 써보기는 학생들이 마치 퍼즐을 맞추기를 이용한 퀴즈풀기처럼 흥미롭고 지루하지 않도록 구성하였고, 수록된 예문들은 학생들이 실생활에 적용할 수 있는 생동감 있는 문장들로 이루어져 있으며, 아울러 다양한 activity를 제공하여 단어 학습의 지루함을 최소화하였습니다. Review Test를 통해 다시 한 번 이미 학습한 단어들을 복습해볼 수 있고 최종 단어 Test와 오답 체크 난을 제공하여 미흡했던 단어들을 확실하게 잡아줄 수 있도록 했습니다. 특히 당사 홈페이지에 2회의 추가 단어 Test가 준비되어 있어 완벽한 단어 학습이 이루어지도록 하였습니다.

본 교재는 영어 단어의 원리에 입각하여 초등학생들의 눈높이 맞는 최적화된 Vocabulary 교재로서 우리 학생들의 영어 실력향상에 이바지하리라 확신합니다.

마지막으로 성실히 함께 작업을 도와주신 김혜미, 이수연 선생님께도 감사의 인사를 드립니다.

이종저, Vivian Park

각권의 구성

	Words	Units	특징
Book 1	250개/1음절단어	25개	· phonics rule을 통한 학습 · 형태 이미지를 통한 단어학습
Book 2	250개/1, 2음절단어	25개	· phonics rule을 통한 학습 · 형태 이미지를 통한 단어학습
Book 3	250개/1, 2, 3음절단어	25개	· phonics rule을 통한 학습 · 형태 이미지를 통한 단어학습

각권의 학습내용

	Book1	Book2	Book3
unit1	short a _a_	ou	short a
unit2	short a _a_	oi, oy	short a
unit3	short e _e_	ue, ui	short e
unit4	short e _e_	_ar	short i
unit5	short i _i_	_er	short o
unit6	short i _i_	_ir	long o
unit7	short o _o_	_or, _ur	short u and long u
unit8	short u _u_	_are, _ire, _our	_y
unit9	short u _u_	_ear, _eer	_er
unit10	long a _a_e	_ey, _uy	ir, ur
unit11	long a _a_e	_y	_or, _oor
unit12	long i _i_e	ch_, _ch	_ow
unit13	long i _i_e	ch_, _ck	s blend sk_, sl_
unit14	long o _o_e	sh_, _sh	s blend sm_, sn_
unit15	long _o_e	th_, _th	s blend sp_, st_,
unit16	long u _u_e	wh_	s blend st_, sw_
unit17	_ai, _ay	_le	ending blend _nd, _nk
unit18	ea	l blend bl_, cl_, fl_	ending blend _nk, _nt / _ss
unit19	ea	l blend gl_, pl_ sl_	ending blend _ng
unit20	ee	r blend br_, cr_, dr_	Silent syllable h, l, b, d
unit21	ie	r blend fr_, gr_	Silent syllable _gh
unit22	oa, ow	r blend pr_, tr_	Silent syllable w, k
unit23	ow, ew	_gh, ph_, _ph	Soft c and Hard c
unit24	short oo	Soft c and Hard c	Soft g and Hard g
unit25	long oo	Soft g and Hard g	schwa a

Step 1

Phonics rule에 따른 각 단어의 음가를 배우고 Rhyme에 따라 다섯 번 귀로 듣고 큰소리로 입으로 따라하면서 단어의 감각을 익히도록 합니다.

Step 2

단어의 철자를 수수께끼 풀 듯 채워가며 각 단어의 음가와 의미를 숙지하도록 합니다.

Step 3

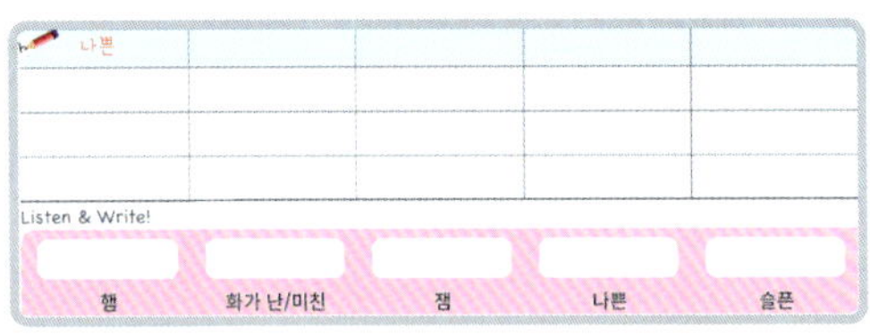

이미 학습한 10개의 단어들을 종합하여 간단하게 dictation 함으로써 중압감 없이 단어들을 다지고 나아가도록 합니다. 특히 학생들이 부담을 느끼지 않고 흥미를 가지고 학습에 참여하도록 합니다.

Practice A

우리말의 의미에 맞는 영어 단어를 고르고 해당 영어 단어를 한번 써 보도록 하여 자연스럽게 암기할 수 있도록 합니다.

Practice B

각 단어들을 문장 속 쓰임을 통해 단어의 활용을 배워 단어가 단순히 단어로서 끝나는 것이 아닌 실생활에 적용할 수 있도록 훈련합니다.

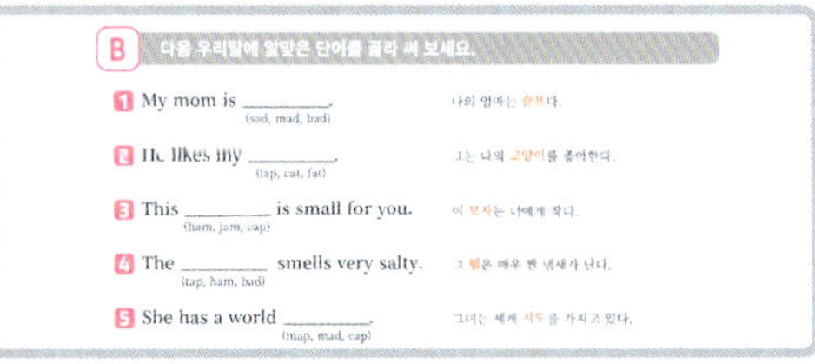

Practice C

단어이미지와 단어를 연결하도록 하여 '이미지-우리말-영어'의 순서가 아닌 이미지를 바로 영어로 변환할 수 있도록 훈련합니다. 단, 우리말을 최소화하여 제공함으로써 이미지 인지 오류를 예방하였습니다.

Practice D

잘못된 철자를 골라서 수정하도록 함으로써 철처하게 오류를 잡아가며 학습할 수 있도록 합니다.

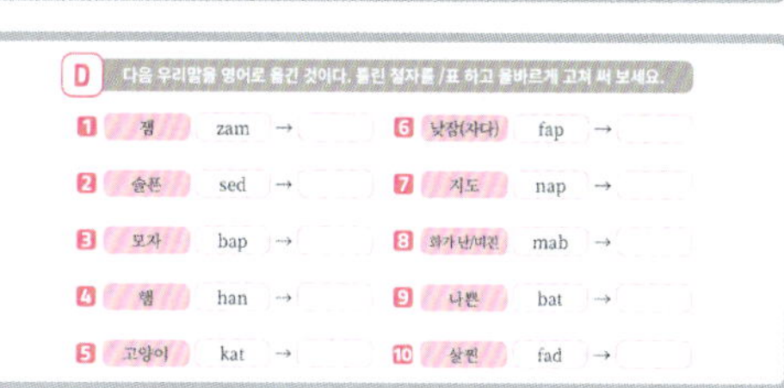

Review test

다섯 개 unit마다 복습하여 정리하고 객관식 문제를 제공함으로써 종합적인 확인 학습을 하도록 합니다.

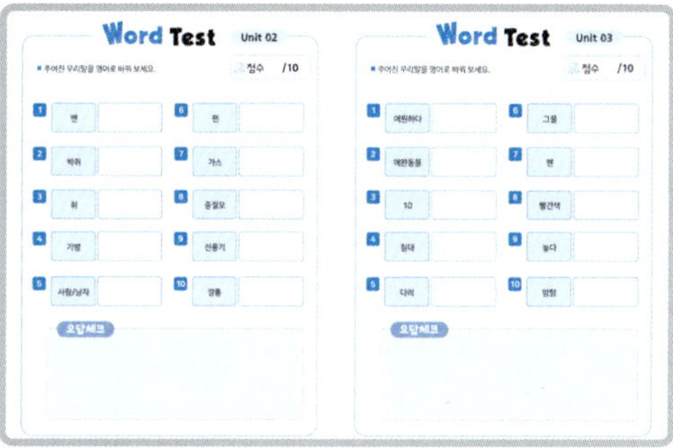
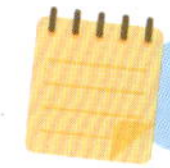

Word Test

각 unit마다 단어 test로 최종적인 단어 확인을 하고 틀린 단어들은 오답체크 난에서 연습하여 완벽하게 숙지하도록 합니다.

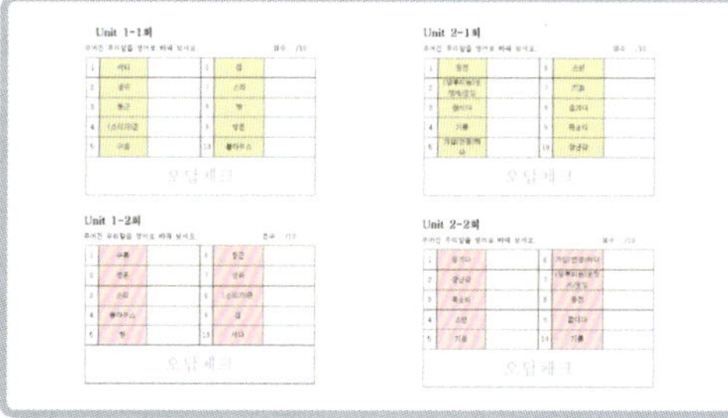

추가 Test

홈페이지에 각 unit에 대한 2회의 추가 Word Test 자료가 제공되어 있습니다.

발음기호

영어에서 가장 기본이 되는 것은 읽기입니다. 영어는 한글과는 달라서 소리와 철자가 완전히 일치하지 않습니다. 따라서 단어를 정확히 읽기가 쉽지 않습니다. 그러므로 영어 단어를 읽을 때 그 소리를 정확히 가르쳐 주는 발음기호표가 필요합니다. 이에 발음기호표를 제공하오니 이를 참고로 하여 발음기호에 따라 천천히 차근차근 소리 내어 발음하면서 단어를 익혀 나가기를 당부 드립니다.

영어 발음 기호표

기호	[a]	[e]	[æ]	[i]	[ɔ]	[ʊ]	[ʌ]	[ju]
소리	아	에	애	이	오	우	어	유

기호	[a:]	[i:]	[ɔ:]	[u:]	[ə:]	[ɜ:]	[ju]	[ai]	[au]
소리	아:	이:	오:	우:	어:	어:	유:	아이	아우

기호	[ei]	[ɔi]	[ou]	[iər]	[eər]	[uər]	[w]	[wa]
소리	에이	오이	오우	이얼~	에얼~	우얼~	우	와

기호	[wɔ]	[j]	[ŋ]	[θ]	[ð]	[ʃ]	[ʒ]	[tʃ]	[d]
소리	워	이	응	쓰	드	쉬	쥐	취	쥐

차례

Unit 01　ou

두 개의 모음 ou는 [au] 소리가 나요. 단, soul의 ou는 [ou] 소리가 나요.

house	mouse	blouse	cloud	ground
집	생쥐	블라우스	구름	땅
h□□se	m□□se	bl□□se	cl□□d	gr□□nd
□ou□e	mo□s□	□□ous□	□□□ud	□□oun□
h□u□□	□ou□□	blo□□□	□lo□□	□r□u□d
□o□s□	m□□□e	□□o□s□	c□□u□	□□o□□□

위의 단어들을 가려주세요.

블라우스	집	구름	땅	생쥐

* 큰소리로 다섯 번 따라 읽어 보세요. ○ ○ ○ ○ ○

round	sound	count	loud	˙soul
둥근	소리	세다	(소리가) 큰	영혼
r□□nd r□un□ r□□□d	s□□nd sou□□ □ou□□	c□□nt □oun□ co□□□	l□□d □o□d □ou□	s□□l so□□ □o□l
□□□nd	□o□□d	c□□n□	l□u□	□□ul

세다	영혼	소리	둥근	(소리가) 큰

A 다음 주어진 그림과 우리말에 알맞은 단어를 고르고 영어로 써 보세요.

1. 둥근 ground☐ round☐

6. 블라우스 mouse☐ blouse☐

2. 집 house☐ soul☐

7. (소리가) 큰 count☐ loud☐

3. 세다 count☐ cloud☐

8. 소리 sound☐ loud☐

4. 땅 blouse☐ ground☐

9. 영혼 round☐ soul☐

5. 생쥐 mouse☐ sound☐

10. 구름 house☐ cloud☐

B 다음 우리말에 알맞은 단어를 골라 써 보세요.

1. This ball is __________ and soft.
   (sound, soul, round)
   이 공은 둥글고 부드럽다.

2. She puts a brown __________ on the table.
   (blouse, mouse, house)
   그녀는 갈색 블라우스를 테이블 위에 놓는다.

3. I heard a __________ sound.
   (loud, cloud, ground)
   나는 큰 소리를 들었다.

4. He will build a __________ for his family.
   (sound, house, blouse)
   그는 그의 가족을 위해 집을 지을 것이다.

5. Let's __________ one to five.
   (cloud, count, loud)
   1부터 5까지 세어봅시다.

soul   mouse   ground   blouse   sound   cloud

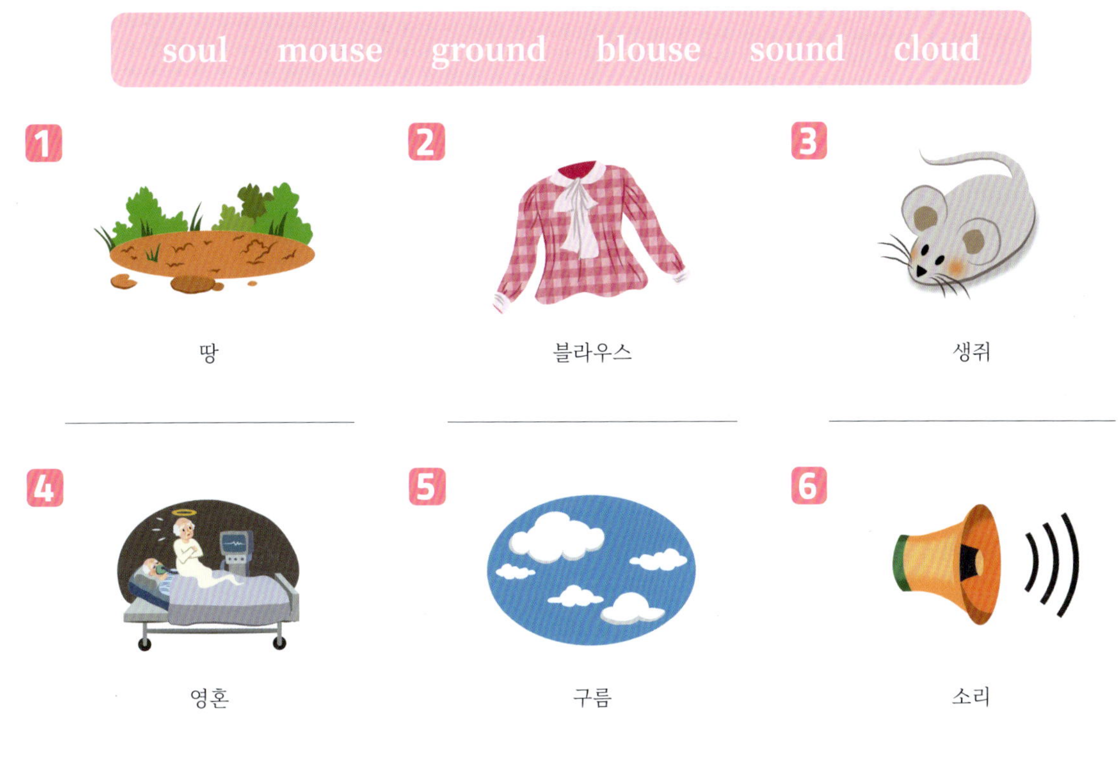

1 땅

2 블라우스

3 생쥐

4 영혼

5 구름

6 소리

D 다음 우리말을 영어로 옮긴 것이다. 틀린 철자를 /표 하고 올바르게 고쳐 써 보세요.

1 둥근   raund   →

6 (소리가) 큰   loub   →

2 집   houze   →

7 세다   caunt   →

3 소리   round   →

8 블라우스   blouce   →

4 구름   croud   →

9 영혼   sowl   →

5 땅   groend   →

10 생쥐   moose   →

Unit 02 oi, oy

두 개의 모음 oi와 oy는 둘 다 [oi] 소리가 나요.

oil	boil	foil	coin	join
기름	끓이다	(알루미늄) 포장지/호일	동전	가입(연결)하다
□□l	b□□l	f□□l	c□□n	j□□n
o□l	□□il	f□i□	□o□n	jo□□
□i□	□oi□	□□il	c□i□	□□in
o□□	b□i□	□o□l	□□in	□oi□

Listen & Write! 위의 단어들을 가려주세요.

가입(연결)하다	동진	기름	끓이다	(알루미늄)포장지/호일

* 큰소리로 다섯 번 따라 읽어 보세요. ○ ○ ○ ○ ○

v**oi**ce	b**oy**	t**oy**	j**oy**	en**joy**
목소리	소년	장난감	기쁨	즐기다
v□□ce □oi□e v□□c□	b□□ bo□ □□y	t□□ □oy □□y	j□□ j□y □o□	enj□□ □njo□ □□j□y
□□□	□□□	□□	□□□	□□□
□□□	□□□	□□	□□□	□□□
□o□c□	□o□	□o□	□□y	e□j□□
□□□	□□□	□□	□□□	□□□

소년	기쁨	즐기다	장난감	목소리

1 즐기다 enjoy☐ joy☐

6 목소리 voice☐ toy☐

2 끓이다 oil☐ boil☐

7 동전 join☐ coin☐

3 장난감 enjoy☐ toy☐

8 (알루미늄) 포장지/호일 foil☐ boil☐

4 기름 coin☐ oil☐

9 가입(연결)하다 boy☐ join☐

5 소년 boy☐ voice☐

10 기쁨 foil☐ joy☐

1 He jumped high with __________.
(joy, enjoy, join)
기쁨으로 높이 뛰어올랐다.

2 Kids want to have their own __________.
(toy, boy, joy)
아이들은 자기만의 장난감을 가지기를 원한다.

3 She will __________ some water for you.
(oil, foil, boil)
그녀는 너를 위해서 약간의 물을 끓일 것이다.

4 We found a __________ under the bed.
(enjoy, join, coin)
우리는 침대 아래에서 동전 하나를 발견했다.

5 Can you lower your __________?
(boy, voice, foil)
목소리를 낮춰줄 수 있니?

joy   foil   oil   enjoy   join   boy

1 가입(연결)하다

2 즐기다

3 기름

4 기쁨

5 (알루미늄)포장지/호일

6 소년

1 동전	soin	→		**6** 목소리	woice	→	
2 장난감	toi	→		**7** 끓이다	bail	→	
3 즐기다	enjay	→		**8** 소년	voy	→	
4 기름	oin	→		**9** 가입(연결)하다	joyn	→	
5 (알루미늄)포장지/호일	poil	→		**10** 기쁨	goy	→	

두 개의 모음 ue와 ui는 둘 다 [u:] 소리가 나요.
단, cue의 ue는 [ju:] 소리가 나요.

blue	clue	glue	true	bruise
파란색	단서/실마리	풀	진짜의	멍이 생기다
bl□□ b□□e □lu□	cl□□ □l□e □□ue	gl□□ g□u□ □l□e	tr□□ □ru□ t□□e	br□□se □□□ise b□ui□□
□□□□	□□□□	□□□□	□□□□	□□□□
□□□□	□□□□	□□□□	□□□□	□□□□
□l□e	c□□e	□lu□	□r□e	b□□i□□
□□□□	□□□□	□□□□	□□□□	□□□□

Listen & Write ! 위의 단어들을 가려주세요.

풀	멍이 생기다	단서/실마리	파란색	진짜의

* 큰소리로 다섯 번 따라 읽어 보세요. ○ ○ ○ ○ ○

cruise	suit	fruit	juice	˙cue
유람선 여행	정장	과일	주스	신호
cr□□se □ru□□e c□□is□	s□□t □u□t su□□	fr□□t f□□it □r□i□	j□□ce □uic□ j□□c□	c□□ cu□ □□e
□□□□□	□□□□	□□□□□	□□□□□	□□□
□□□□□	□□□□	□□□□□	□□□□□	□□□
□r□□s□	□□it	fr□□□	□u□□e	□u□
□□□□□	□□□□	□□□□□	□□□□□	□□□

주스	과일	유람선 여행	신호	정장

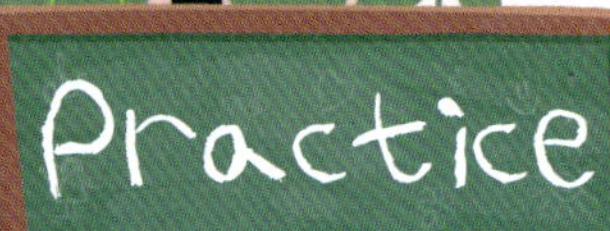

Practice

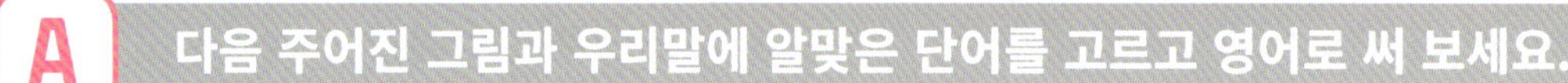

A 다음 주어진 그림과 우리말에 알맞은 단어를 고르고 영어로 써 보세요.

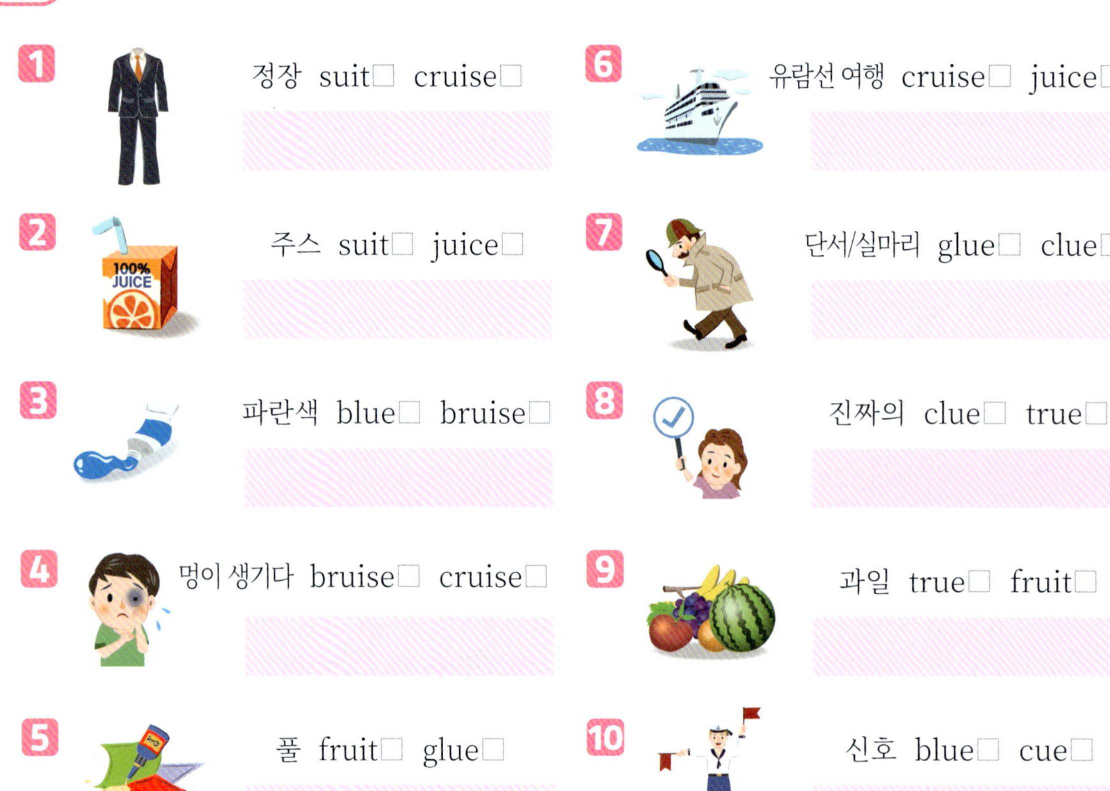

1 정장 suit☐ cruise☐

2 주스 suit☐ juice☐

3 파란색 blue☐ bruise☐

4 멍이 생기다 bruise☐ cruise☐

5 풀 fruit☐ glue☐

6 유람선 여행 cruise☐ juice☐

7 단서/실마리 glue☐ clue☐

8 진짜의 clue☐ true☐

9 과일 true☐ fruit☐

10 신호 blue☐ cue☐

B 다음 우리말에 알맞은 단어를 골라 써 보세요.

1 His __________ is very expensive.
(fruit, suit, cruise)
그의 정장은 매우 비싸다.

2 He gave me a __________.
(clue, glue, blue)
그는 나에게 하나의 단서를 주었다.

3 She never tells us her __________ name.
(cue, true, glue)
그녀는 우리에게 그녀의 진짜 이름을 절대 말하지 않는다.

4 We drink orange __________ once a day.
(juice, fruit, bruise)
우리는 오렌지주스를 하루에 한 번 마신다.

5 This actor is famous for __________ eyes.
(suit, cue, blue)
이 배우는 파란색 눈으로 유명하다.

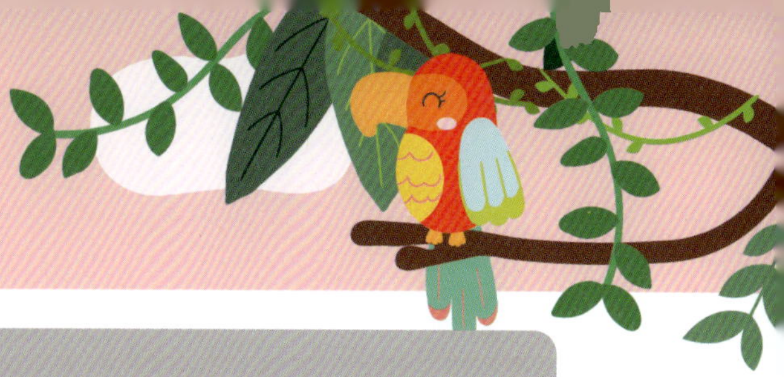

C 다음 중 알맞은 것을 보기에서 골라 써 보세요.

glue　clue　cue　bruise　fruit　cruise

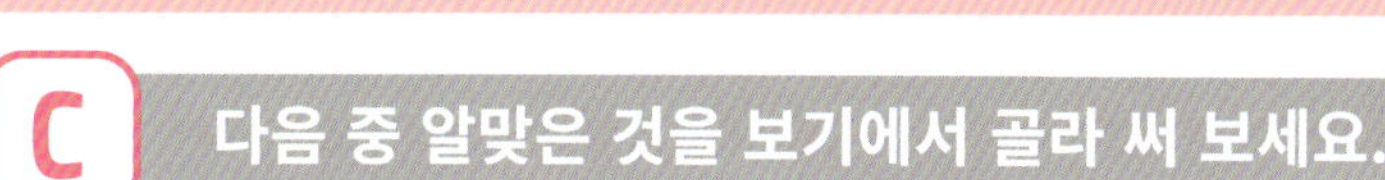

1

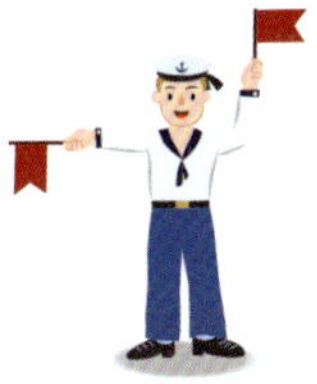

신호

______

2

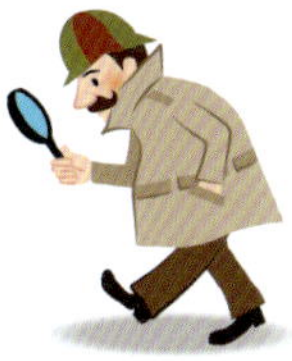

단서/실마리

______

3

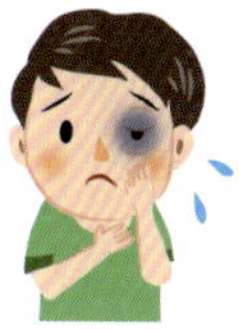

멍이 생기다

______

4

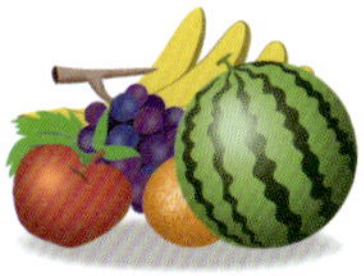

과일

______

5

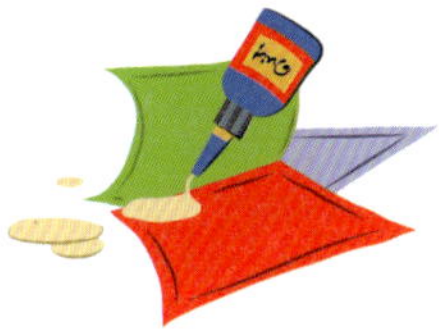

풀

______

6

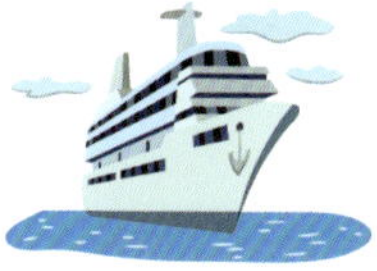

유람선 여행

______

D 다음 우리말을 영어로 옮긴 것이다. 틀린 철자를 /표 하고 올바르게 고쳐 써 보세요.

1	주스	juise	→	6	정장	cuit	→
2	파란색	bloe	→	7	진짜의	prue	→
3	단서/실마리	crue	→	8	과일	froit	→
4	멍이 생기다	braise	→	9	신호	kue	→
5	유람선 여행	cruice	→	10	풀	gluo	→

Unit 04 _ar

a와 r이 합쳐진 ar은 1 음절 단어 마지막이나 가운데서 [ɑːr] 소리가 나요.
단, war, warm 의 ar은 [ɔːr] 소리가 나요.

art	cart	part	hard	yard
예술	수레/카트	일부	열심히/단단한	마당
□□t	c□□t	p□□t	h□□d	y□□d
a□t	□ar□	p□r□	□a□d	□ar□
□r□	□□rt	□ar□	ha□□	□□rd
a□□	c□□□	□□□t	□□r□	□a□□

 위의 단어들을 가려주세요.

수레/카트	예술	마당	일부	열심히/단단한

* 큰소리로 다섯 번 따라 읽어 보세요. ○ ○ ○ ○ ○

dark	**park**	**star**	**·war**	**·warm**
어두운	공원	별	전쟁	따뜻한
d□□k da□□ □a□k	p□□k □□rk pa□□	st□□ □ta□ □□ar	w□□ wa□ □□r	w□□m w□r□ □ar□
□□□	□□□	□□□	□□□	□□□
□□□	□□□	□□□	□□□	□□□
□□r□	p□□□	□□a□	□a□r	□□□m
□□□	□□□	□□□	□□□	□□□

따뜻한	어두운	전쟁	공원	별

1  별 star□ hard□

6  수레/카트 park□ cart□

2  일부 part□ art□

7  어두운 dark□ warm□

3  따뜻한 war□ warm□

8  열심히/단단한 hard□ cart□

4  마당 yard□ part□

9  전쟁 star□ war□

5  예술 hard□ art□

10  공원 park□ dark□

1 We count _________s in the sky.
(star, part, park)

우리는 하늘에 있는 별들을 센다.

2 He pulls a heavy _________ alone.
(yard, hard, cart)

그는 혼자 무거운 수레/카트를 끈다.

3 I lost a _________ of my memories.
(art, part, cart)

나는 내 기억의 일부를 잃어버렸다.

4 You need to bring _________ mittens.
(warm, war, yard)

너는 따뜻한 벙어리장갑을 가져가야 하다

5 She doesn't like _________ colors.
(hard, dark, star)

그녀는 어두운 색들을 좋아하지 않는다.

C

다음 중 알맞은 것을 보기에서 골라 써 보세요.

1 공원

2 전쟁

3 수레/카트

4 예술

5 마당

6 열심히/단단한

D

다음 우리말을 영어로 옮긴 것이다. 틀린 철자를 /표 하고 올바르게 고쳐 써 보세요.

1 별　spar →

2 일부　pert →

3 수레/카트　calt →

4 열심히/단단한　hird →

5 전쟁　wor →

6 따뜻한　varm →

7 어두운　dirk →

8 공원　pork →

9 마당　yald →

10 예술　arz →

Unit 05 _er

단어 마지막에 er은 [ər] 소리가 나요.

butter	silver	river	tiger	water
버터	은	강	호랑이	물
butt□□ □u□te□ b□t□□r	silv□□ s□□□er □i□ve□	riv□□ r□□er □i□□r	tig□□ ti□□r □□□er	wat□□ □a□er w□□□r
b□□t□□	□□□v□r	r□□e□	□ig□□	□□te□

위의 단어들을 가려주세요.

호랑이	물	은	버터	강

* 큰소리로 다섯 번 따라 읽어 보세요. ○ ○ ○ ○ ○

driv**er**	pow**er**	sist**er**	show**er**	tow**er**
운전자	힘	언니/여동생	샤워(하다)	탑
driv□□ □□i□er dr□v□□	pow□□ □owe□ p□□□r	sist□□ s□s□□r □ist□□	show□□ sh□□□r □how□□	tow□□ □ow□r t□□e□
□□□□□	□□□□□	□□□□□	□□□□□	□□□□□
□□□□□	□□□□□	□□□□□	□□□□□	□□□□□
□r□□e□	□□□er	□i□□e□	□□o□□r	t□□e□
□□□□□	□□□□□	□□□□□	□□□□□	□□□□□

샤워(하다)	언니/여동생	운전자	탑	힘

Practice

A 다음 주어진 그림과 우리말에 알맞은 단어를 고르고 영어로 써 보세요.

1 호랑이 tiger☐ water☐

2 강 silver☐ river☐

3 운전자 driver☐ sister☐

4 탑 butter☐ tower☐

5 은 silver☐ tiger☐

6 샤워(하다) driver☐ shower☐

7 버터 power☐ butter☐

8 힘 tower☐ power☐

9 언니/여동생 sister☐ shower☐

10 물 river☐ water☐

B 다음 우리말에 알맞은 단어를 골라 써 보세요.

1 My father is a careful __________.
(silver, river, driver)

나의 아버지는 조심스러운 운전자다.

2 The __________ is clean.
(river, water, tower)

그 강은 깨끗하다.

3 I usually take a __________ at night.
(sister, shower, tiger)

나는 보통 밤에 샤워를 한다.

4 The baker remembers to buy __________.
(butter, silver, water)

그 제빵사는 버터를 사는 것을 기억한다.

5 A __________ is eating a chicken.
(tower, power, tiger)

호랑이 한 마리가 닭고기를 먹고 있다.

다음 중 알맞은 것을 보기에서 골라 써 보세요.

| sister | silver | tower | river | power | water |

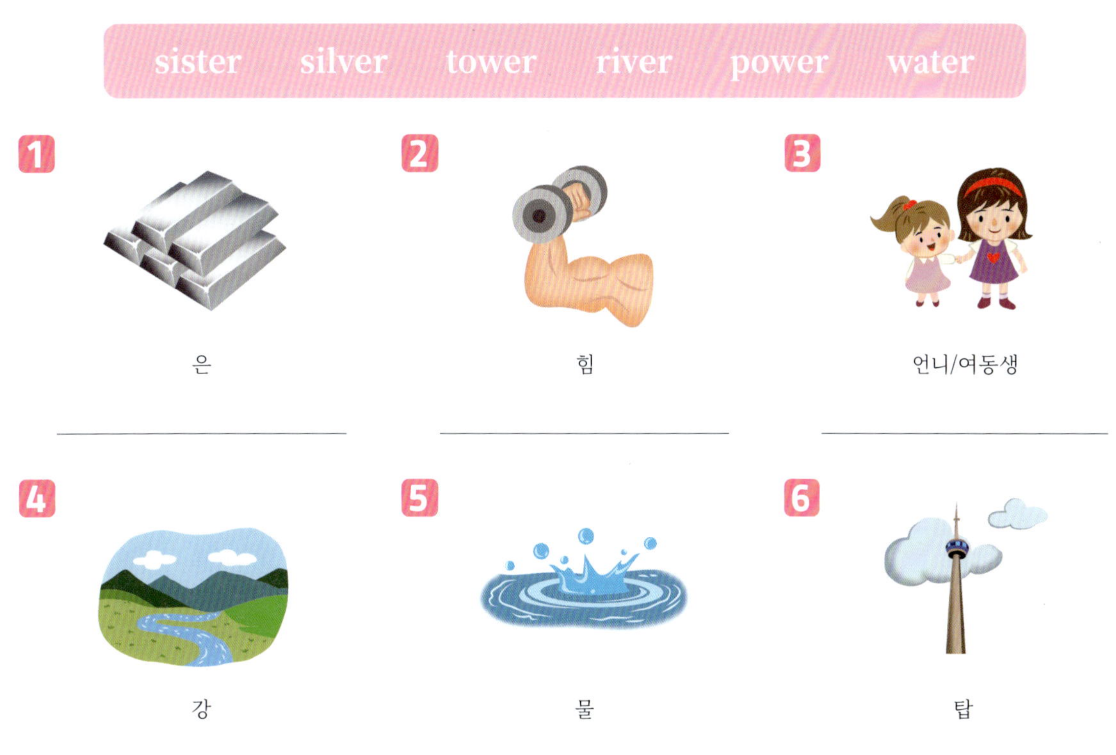

1 은

2 힘

3 언니/여동생

4 강

5 물

6 탑

D

다음 우리말을 영어로 옮긴 것이다. 틀린 철자를 /표 하고 올바르게 고쳐 써 보세요.

1 운전자　drivur　→

6 샤워(하다)　shover　→

2 버터　buttes　→

7 강　riven　→

3 호랑이　tigor　→

8 은　silwer　→

4 탑　power　→

9 물　wator　→

5 언니/여동생　sistar　→

10 힘　powur　→

1 다음 우리말에 알맞게 빈칸을 채워 보세요.

1 blouse -   -   -   -
블라우스   소리   구름   생쥐   세다

2 ground -   -   -   -
땅   둥근   집   영혼   (소리가) 큰

3 voice -   -   -   -
목소리   장난감   동전   (알루미늄)포장지/호일   소년

4 join -   -   -   -
가입(연결)하다   기름   즐기다   끓이다   기쁨

5 cruise -   -   -   -
유람선 여행   정장   주스   풀   파란색

6 bruise -   -   -   -
멍이 생기다   신호   단서/실마리   진짜의   과일

7 yard -   -   -   -
마당   열심히/단단한   예술   공원   별

8 cart -   -   -   -
수레/카트   전쟁   부분   어두운   따뜻한

9 tiger -   -   -   -
호랑이   언니/여동생   탑   강   물

10 driver -   -   -   -
운전자   힘   은   버터   샤워

2 다음 문장의 빈칸에 알맞은 단어를 골라 보세요.

1 I heard strange ______ just now.
나는 방금 이상한 소리를 들었다.

① round ② cloud ③ sound

2 ______s are good for skin.
과일은 피부에 좋다.

① True ② Clue ③ Fruit

3 Her ______ is so sweet.
그녀의 목소리는 너무 달콤하다.

① boil ② voice ③ butter

4 We ______ed the party last night.
우리는 지난 밤 파티를 즐겼다.

① joy ② enjoy ③ oil

5 We don't believe the ______.
우리는 그 소년을 믿지 않는다.

① join ② joy ③ boy

6 Her ______ studies very hard.
그녀의 여동생은 아주 열심히 공부한다.

① silver ② sister ③ star

7 Robert loves ______.
Robert는 예술을 사랑한다.

① art ② fair ③ cart

8 This ring is made of ______.
이 반지는 은으로 만들어졌다.

① tower ② river ③ silver

9 She uses olive ______ for cooking.
그녀는 요리할 때 올리브 오일(기름)을 쓴다.

① oil ② foil ③ fork

10 He is my ______ mate.
그는 나의 영혼의 친구이다.

① loud ② soul ③ foil

Unit 06 _ir

1음절 단어 가운데나 마지막에 ir은 [er] 또는 [əːr] 소리가 나요.

air	chair	fair	hair	pair
공기	의자	전시회/공평한	머리카락	짝
a□□	cha□□	fa□□	ha□□	pa□□
a□r	□h□ir	□a□r	□ai□	□ai□
□i□	c□□□r	□□ir	h□□r	□□ir
□□r	□□ai□	f□□□	□□□r	□a□□

Listen & Write ! 위의 단어들을 가려주세요.

짝	전시회/공평한	공기	의자	머리카락

* 큰소리로 다섯 번 따라 읽어 보세요. ○ ○ ○ ○ ○

repa**ir**	**bir**d	d**ir**t	sh**ir**t	sk**ir**t
수리하다	새	먼지/때	셔츠	치마
repa☐☐ re☐☐☐r ☐☐p☐ir	b☐☐d ☐i☐d bi☐☐	d☐☐t ☐ir☐ ☐☐rt	sh☐☐t ☐☐irt s☐i☐☐	sk☐☐t s☐ir☐ ☐k☐r☐
☐ ☐ ☐ ☐	☐ ☐ ☐ ☐	☐ ☐ ☐ ☐	☐ ☐ ☐ ☐	☐ ☐ ☐ ☐
☐ ☐ ☐ ☐	☐ ☐ ☐ ☐	☐ ☐ ☐ ☐	☐ ☐ ☐ ☐	☐ ☐ ☐ ☐
☐☐☐ai☐	☐☐r☐	d☐☐☐	☐h☐r☐	☐☐i☐t
☐ ☐ ☐ ☐ ☐	☐ ☐ ☐	☐ ☐ ☐	☐ ☐ ☐ ☐	☐ ☐ ☐ ☐

☐	☐	☐	☐	☐
먼지/때	셔츠	수리하다	치마	새

Practice

A 다음 주어진 그림과 우리말에 알맞은 단어를 고르고 영어로 써 보세요.

1 짝 air☐ pair☐

2 전시회/공평한 fair☐ repair☐

3 머리카락 skirt☐ hair☐

4 새 bird☐ dirt☐

5 치마 skirt☐ shirt☐

6 먼지/때 hair☐ dirt☐

7 공기 chair☐ air☐

8 셔츠 shirt☐ bird☐

9 수리하다 repair☐ pair☐

10 의자 fair☐ chair☐

B 다음 우리말에 알맞은 단어를 골라 써 보세요.

1 She dyed her __________ blue.
(fair, pair, hair)

그녀는 머리카락을 파란색으로 염색했다.

2 He sells __________s and desks.
(air, chair, dirt)

그는 의자들과 책상들을 판매한다.

3 We feed the __________s in the cage.
(bird, fair, shirt)

우리는 새장 안에 있는 새들에게 먹이를 준다.

4 When did you __________ the roof?
(pair, repair, chair)

당신은 언제 지붕을 수리했나요?

5 This __________ is too short.
(skirt, shirt, dirt)

이 치마는 너무 짧다.

C

다음 중 알맞은 것을 보기에서 골라 써 보세요.

pair	fair	air	bird	shirt	dirt

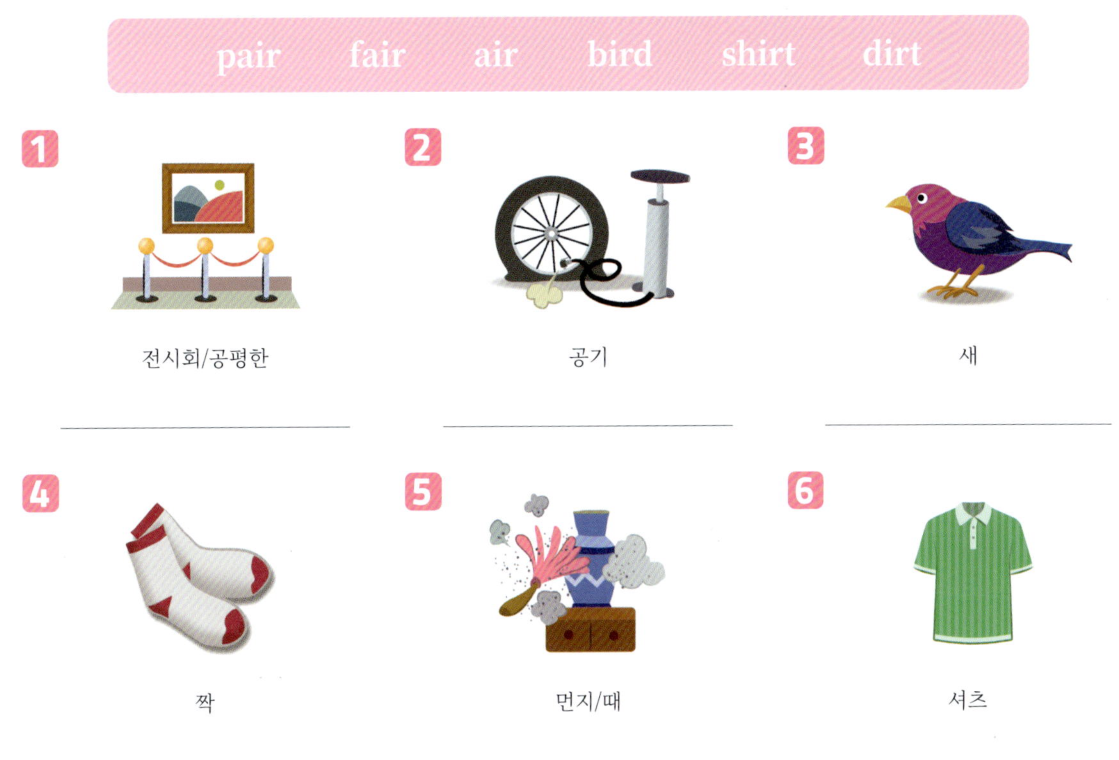

1 전시회/공평한

2 공기

3 새

4 짝

5 먼지/때

6 셔츠

D

다음 우리말을 영어로 옮긴 것이다. 틀린 철자를 /표 하고 올바르게 고쳐 써 보세요.

1 머리카락　hail　→

2 치마　scirt　→

3 새　bard　→

4 공기　eir　→

5 셔츠　short　→

6 수리하다　refair　→

7 의자　ckair　→

8 전시회/공평한　faur　→

9 짝　bair　→

10 먼지/때　dort　→

Unit 07 _or, _ur

1음절 단어 가운데 or은 [ɔːr], ur은 [ɜːr] 소리가 나요.
단, work와 word는 or이지만 [ɜːr] 소리가 나요.

corn	fork	pork	˙word	˙work
옥수수	포크	돼지고기	단어	일하다
c☐☐n	f☐☐k	p☐☐k	w☐☐d	w☐☐k
☐☐rn	☐☐rk	po☐☐	w☐r☐	w☐r☐
co☐☐	☐or☐	☐o☐k	☐o☐d	☐☐rk
☐☐r☐	f☐☐☐	☐☐r☐	w☐☐☐	☐o☐☐

Listen & Write! 위의 단어들을 가려주세요.

옥수수	포크	돼지고기	단어	일하다

* 큰소리로 다섯 번 따라 읽어 보세요. ○ ○ ○ ○ ○

burn	fur	hurt	nurse	purse
불에 타다	털/모피	다치게 하다	간호사	(여성용)지갑
b□□n bu□□ □u□n	f□□ fu□ □□r	h□□t □u□t □ur□	n□□se □urs□ □u□□e	p□□se p□r□e □ur□□
□□□ □□	□□□ □□	□□□ □□	□□□ □□	□□□ □□
□□□ □□	□□□ □□	□□□ □□	□□□ □□	□□□ □□
□□r□	□u□	h□□□	n□r□□	□u□s□
□□□ □□	□□□ □□	□□□ □□	□□□ □□	□□□ □□

간호사	다치게 하다	털/모피	(여성용)지갑	불에 타다

1 돼지고기 fork☐ pork☐

6 일하다 work☐ pork☐

2 포크 word☐ fork☐

7 간호사 nurse☐ hurt☐

3 다치게 하다 hurt☐ fur☐

8 단어 work☐ word☐

4 (여성용) 지갑 purse☐ nurse☐

9 털/모피 fur☐ burn☐

5 불에 타다 corn☐ burn☐

10 옥수수 purse☐ corn☐

1 There are some ________s in the cupboard.
(fur, fork, pork)
찬장에 몇 개의 포크들이 있다.

2 The __________ is very kind to patients.
(purse, nurse, burn)
그 간호사는 환자들에게 매우 친절하다.

3 Don't __________ your little sister.
(hurt, corn, fur)
너의 어린 여동생을 다치게 하지 마라.

4 I __________ five hours on Fridays.
(pork, work, purse)
나는 금요일마다 5시간씩 일한다.

5 Make a sentence with 10 __________s.
(word, fork, purse)
10개의 단어로 한 문장을 만들어라.

다음 중 알맞은 것을 보기에서 골라 써 보세요.

1
(여성용)지갑
____

2
일하다
____

3
불에 타다
____

4
돼지고기
____

5
옥수수
____

6
털/모피
____

D 다음 우리말을 영어로 옮긴 것이다. 틀린 철자를 /표 하고 올바르게 고쳐 써 보세요.

1 다치게 하다 hort →

6 단어 work →

2 포크 folk →

7 간호사 narse →

3 일하다 wark →

8 (여성용)지갑 furse →

4 털/모피 pur →

9 옥수수 sorn →

5 불에 타다 busn →

10 돼지고기 porh →

Unit 08 _are, _ire, _our

are는 [er], ire는 [ier], our은 [auər] 소리가 나요.
단, pour의 our은 [ɔːr], tour의 our은 [ʊr] 소리가 나요.

care	share	prepare	fire	tire

돌봄	함께 쓰다	준비하다	불	피곤해지다
c□□□ □ar□ □a□e	sh□□□ □h□re s□□r□	prep□□□ □r□pa□e p□□□are	f□□□ □ir□ □□re	t□□□ □i□e t□□e
□□□□	□□□□	□□□□	□□□□	□□□□
□□□□	□□□□	□□□□	□□□□	□□□□
c□□□	□□a□e	□r□p□□□	□i□□	□□r□
□□□□	□□□□	□□□□	□□□□	□□□□

Listen & Write ! 위의 단어들을 가려주세요.

함께 쓰다	피곤해 지다	불	돌봄	준비하다

* 큰소리로 다섯 번 따라 읽어 보세요. ○ ○ ○ ○ ○

wire	**sour**	**flour**	**·pour**	**·tour**
철사	(맛이) 신	밀가루	붓다/따르다	관광
w□□□ □i□e □ir□	s□□□ □□ur so□□	fl□□□ f□□ur □l□u□	po□□ □□ur p□u□	t□□□ □o□r to□□
□□□□	□□□□	□□□□	□□□□	□□□□
□□□□	□□□□	□□□□	□□□□	□□□□
□□r□	□□u□	□□o□r	□o□r	□□□r
□□□	□□□	□□□	□□□	□□□

(맛이) 신	철사	관광	붓다/따르다	밀가루

Practice

<table>
<tr><td>A</td><td>다음 주어진 그림과 우리말에 알맞은 단어를 고르고 영어로 써 보세요.</td></tr>
</table>

1 함께 쓰다 share☐ prepare☐

2 관광 tour☐ wire☐

3 (맛이) 신 share☐ sour☐

4 붓다/따르다 pour☐ tour☐

5 피곤해지다 tire☐ fire☐

6 철사 wire☐ sour☐

7 준비하다 care☐ prepare☐

8 불 fire☐ flour☐

9 밀가루 flour☐ pour☐

10 돌봄 tire☐ care☐

<table>
<tr><td>B</td><td>다음 우리말에 알맞은 단어를 골라 써 보세요.</td></tr>
</table>

1 Those apples are not __________.
(our, sour, flour)
저 사과들은 (맛이) 안 시다.

2 She joins a walking __________.
(tour, tire, fire)
그녀는 도보관광에 참여한다.

3 He __________d a cheese cake for us.
(care, share, prepare)
그는 우리를 위해 치즈케이크를 준비했다.

4 This __________ is rusty.
(tire, wire, our)
이 철사는 녹슬었다.

5 I __________ this room with my brother.
(share, sour, fire)
나는 이 방을 나의 형제와 함께 쓴다.

1

밀가루

2

불

3

(맛이) 신

4

피곤해지다

5

돌봄

6

붓다/따르다

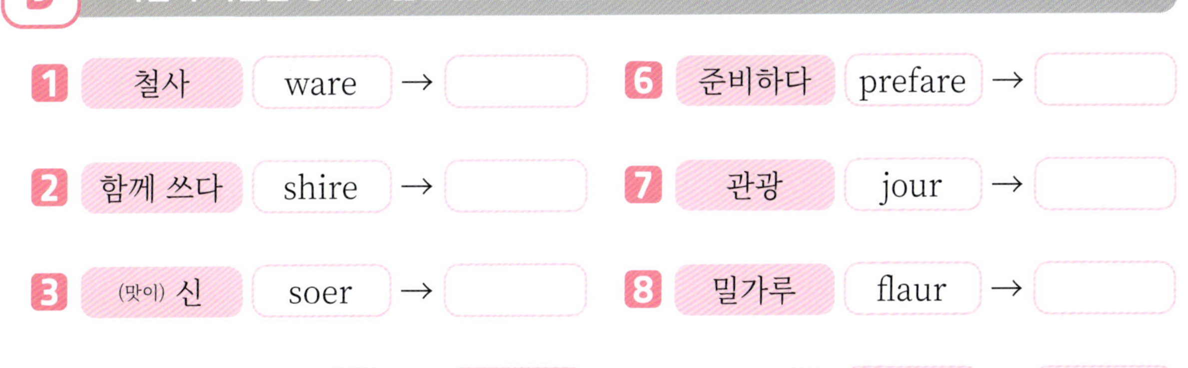

1 철사	ware →		**6** 준비하다	prefare →	
2 함께 쓰다	shire →		**7** 관광	jour →	
3 (맛이) 신	soer →		**8** 밀가루	flaur →	
4 붓다/따르다	paur →		**9** 불	fira →	
5 돌봄	kare →		**10** 피곤해지다	kire →	

Unit 09 _ear, _eer

두 개의 모음 ear과 eer은 [ir] 소리가 나요.
단, bear의 ear은 [eər] 소리가 나요.

ear	dear	fear	hear	near
귀	친애하는	공포	듣다	가까운
e□□ e□r □a□	d□□□ □□ar □e□r	f□□□ f□a□ □ea□	h□□□ □ea□ he□□	n□□□ n□□r □e□r
□□□ □□□	□□□ □□□	□□□ □□□	□□□ □□□	□□□ □□□
□□r	de□□	□□ar	□e□r	n□a□
□□□	□□□	□□□	□□□	□□□

위의 단어들을 가려주세요.

공포	가까운	듣다	친애하는	귀

* 큰소리로 다섯 번 따라 읽어 보세요. ○ ○ ○ ○ ○

tear	˚bear	beer	deer	career
눈물	곰	맥주	사슴	경력
t□□□ □e□r t□a□	b□□□ □ea□ □□ar	b□□□ b□□r □e□r	d□□□ □e□r de□□	car□□□ □a□ee□ c□□□er
□□ar	be□□	□ee□	□□er	□□re□□

맥주	사슴	경력	눈물	밀가루

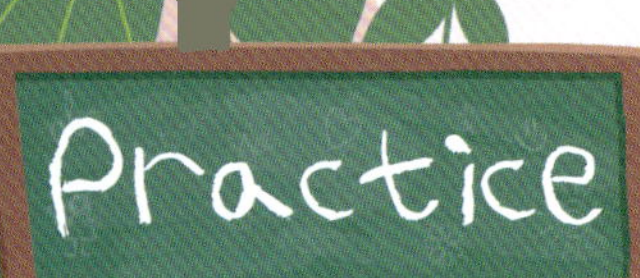

Practice

A 다음 주어진 그림과 우리말에 알맞은 단어를 고르고 영어로 써 보세요.

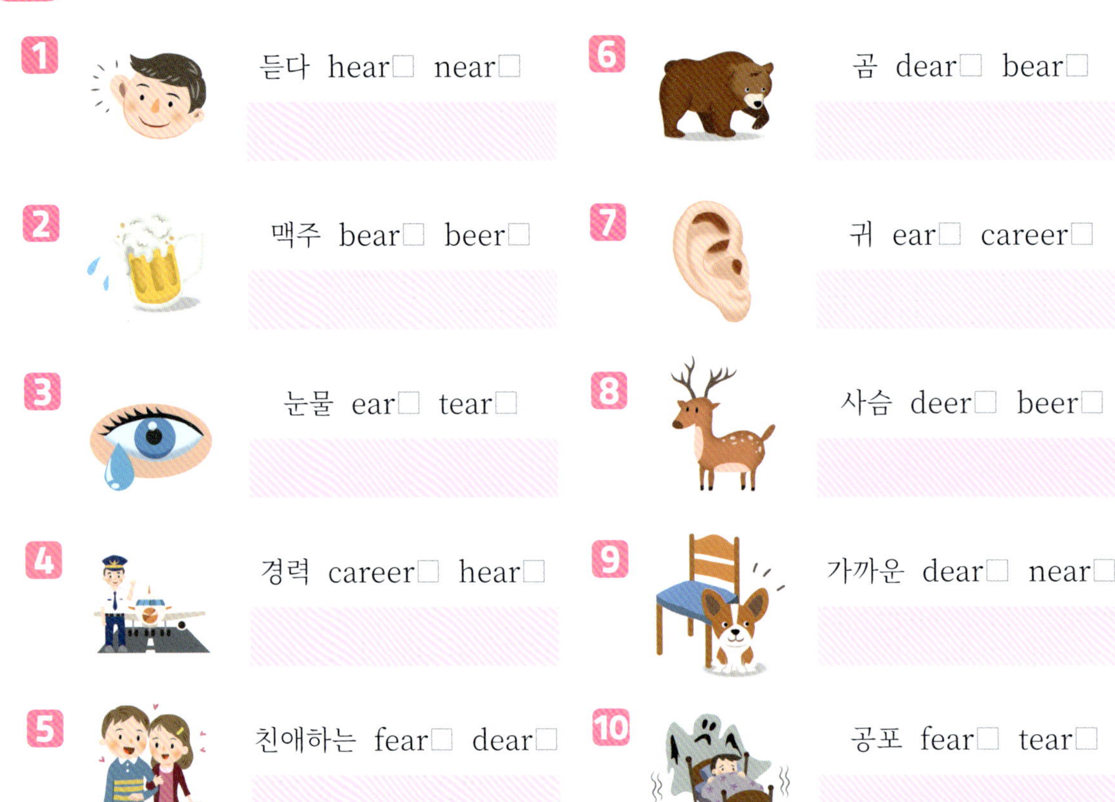

1 듣다 hear☐ near☐

6 곰 dear☐ bear☐

2 맥주 bear☐ beer☐

7 귀 ear☐ career☐

3 눈물 ear☐ tear☐

8 사슴 deer☐ beer☐

4 경력 career☐ hear☐

9 가까운 dear☐ near☐

5 친애하는 fear☐ dear☐

10 공포 fear☐ tear☐

B 다음 우리말에 알맞은 단어를 골라 써 보세요.

1 He takes a picture of a __________.
(beer, bear, fear)

그는 곰 사진을 찍는다.

2 Her left __________ is very big.
(near, hear, ear)

그녀의 왼쪽 귀는 매우 크다.

3 __________s started to flow.
(Fear, Tear, Dear)

눈물이 흐르기 시작했다.

4 Did you __________ footsteps at the door?
(bear, fear, hear)

너는 문에서 나는 발자국소리가 들었니?

5 We drink __________ together.
(beer, deer, career)

우리는 함께 맥주를 마신다.

다음 중 알맞은 것을 보기에서 골라 써 보세요.

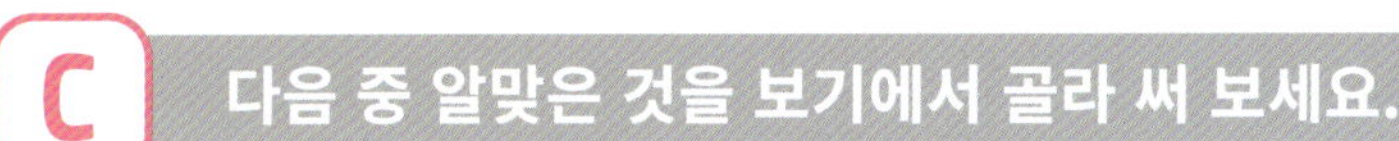

fear   near   hear   deer   career   dear

1 경력

2 가까운

3 듣다

4 친애하는

5 사슴

6 공포

D

다음 우리말을 영어로 옮긴 것이다. 틀린 철자를 /표 하고 올바르게 고쳐 써 보세요.

1 듣다   heor   →

6 눈물   teer   →

2 곰   vear   →

7 귀   eer   →

3 맥주   bear   →

8 가까운   mear   →

4 공포   pear   →

9 경력   caraer   →

5 사슴   peer   →

10 친애하는   deal   →

Unit 10 _ey, _uy

모음 e와 y가 합쳐진 모음 ey는 강세가 올 경우 [ei] 소리가 나고,
그 외에는 [i:] 소리가 나고 uy는 [ai] 소리가 나요.

obey	prey	survey	key	honey
복종하다	먹잇감	조사(하다)	열쇠	꿀
ob□□ □be□ o□e□	pr□□ □r□y □re□	surv□□ s□rv□□ □ur□e□	k□□ ke□ □□y	hon□□ ho□□y □on□□
□□□□	□□□□	□□□□	□□□□	□□□□
□□□□	□□□□	□□□□	□□□□	□□□□
□□ey	p□□y	s□□□□y	□e□	□□ne□
□□□□	□□□□	□□□□	□□□□	□□□□

Listen & Write! 위의 단어들을 가려주세요.

조사(하다)	열쇠	꿀	복종하다	먹잇감

* 큰소리로 다섯 번 따라 읽어 보세요. ○ ○ ○ ○ ○

money	**monkey**	**turkey**	**buy**	**guy**
돈	원숭이	칠면조	사다	사내
mon□□ □one□ m□□□y	monk□□ □□nke□ □o□□ey	turk□□ tu□□□y □u□ke□	b□□ □uy □u□	g□□ g□y □u□
□□□□	□□□□	□□□□		□□□
□□□□	□□□□	□□□□		□□□
□o□e□	m□□k□□	□□rk□□	□□y	□□y
□□□□	□□□□	□□□□	□□□	□□□

원숭이	사내	돈	칠면조	사다

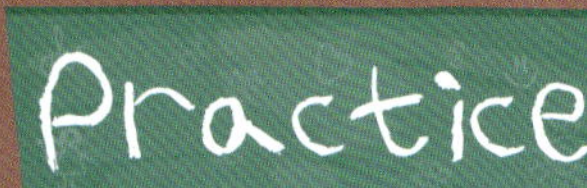

Practice

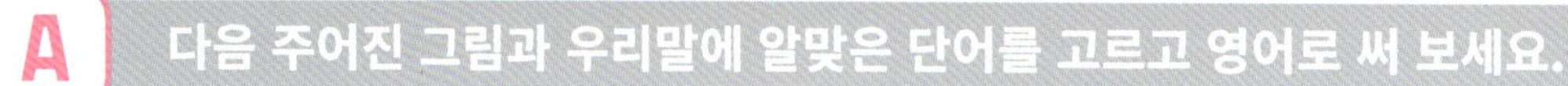

 다음 주어진 그림과 우리말에 알맞은 단어를 고르고 영어로 써 보세요.

1 조사(하다) money ☐ survey ☐

6 꿀 key ☐ honey ☐

2 사다 turkey ☐ buy ☐

7 먹잇감 prey ☐ obey ☐

3 원숭이 monkey ☐ guy ☐

8 사내 guy ☐ buy ☐

4 돈 honey ☐ money ☐

9 복종하다 obey ☐ survey ☐

5 열쇠 key ☐ prey ☐

10 칠면조 monkey ☐ turkey ☐

B 다음 우리말에 알맞은 단어를 골라 써 보세요.

1 Bees make __________ from flowers.
(money, turkey, honey)

벌들은 꽃들로부터 꿀을 만든다.

2 She will take a __________ next week.
(survey, obey, prey)

그녀는 다음 주에 조사를 실시할 것이다.

3 I want to __________ more clothes.
(turkey, guy, buy)

나는 옷을 더 사고 싶다.

4 A rabbit is a __________ for a tiger.
(prey, obey, key)

토끼는 호랑이에게 먹잇감이다.

5 He mimics a __________.
(survey, key, monkey)

그는 원숭이를 흉내 낸다.

C 다음 중 알맞은 것을 보기에서 골라 써 보세요.

1   돈

2   사내

3   복종하다

4   열쇠

5   칠면조

6   사다

D 다음 우리말을 영어로 옮긴 것이다. 틀린 철자를 /표 하고 올바르게 고쳐 써 보세요.

1 꿀   homey   →

6 조사(하다)   survay   →

2 원숭이   munkey   →

7 먹잇감   frey   →

3 사다   bay   →

8 돈   monuy   →

4 복종하다   odey   →

9 열쇠   kei   →

5 칠면조   turcey   →

10 사내   gay   →

1 다음 우리말에 알맞게 빈칸을 채워 보세요.

1 repair - _______ - _______ - _______ - _______
수리하다   머리카락   공기   짝   의자

2 shirt - _______ - _______ - _______ - _______
셔츠   새   전시회   먼지/때   치마

3 pork - _______ - _______ - _______ - _______
돼지고기   옥수수   단어   포크   일하다

4 purse - _______ - _______ - _______ - _______
(여성용)지갑   다치게 하다   간호사   불에 타다   털/모피

5 share - _______ - _______ - _______ - _______
함께 쓰다   불   돌봄   피곤해지다   준비하다

6 wire - _______ - _______ - _______ - _______
철사   관광   (맛이) 신   밀가루   붓다/따르다

7 dear - _______ - _______ - _______ - _______
친애하는   귀   공포   눈물   곰

8 career - _______ - _______ - _______ - _______
경력   맥주   사슴   듣다   가까운

9 prey - _______ - _______ - _______ - _______
먹잇감   열쇠   복종하다   꿀   돈

10 turkey - _______ - _______ - _______ - _______
칠면조   사다   조사(하다)   사내   원숭이

2   다음 문장의 빈칸에 알맞은 단어를 골라 보세요.

1 I bought a _______ of socks yesterday.
나는 어제 양말 한 켤레(쌍)를 샀다.
① fair   ② hair   ③ pair

2 He _______ed my computer.
그는 나의 컴퓨터를 수리했다.
① chair   ② repair   ③ hair

3 Grilled _______ is ready.
구운 돼지고기가 준비되었다.
① pork   ② work   ③ corn

4 He has only one _______.
그는 오직 하나의 셔츠만 가지고 있다.
① skirt   ② share   ③ shirt

5 Dan _______ed hot water into the pot.
Dan은 뜨거운 물을 냄비에 부었다.
① sour   ② pour   ③ tour

6 I found a _______ in the forest.
나는 숲에서 사슴 한 마리를 발견했다.
① bear   ② deer   ③ bird

7 Can you _______ me?
내 말이 들리나요?
① hear   ② dear   ③ sour

8 _______ is out of stock.
밀가루는 품절이다.
① Corn   ② Ground   ③ Flour

9 Mary takes _______ of her baby.
Mary는 그녀의 아기를 돌본다.
① fair   ② care   ③ tour

10 The mountain is on _______.
산이 불타고 있다.
① tire   ② fire   ③ wire

Unit 11 _y

반모음 y는 1음절 단어의 마지막에서 [ai] 소리가 나고,
2음절 단어의 마지막에서 [i] 소리가 나요.

cry	dry	try	sky	baby

울다	마른	노력하다	하늘	아기
cr□	dr□	tr□	sk□	bab□
c□y	□ry	□ry	s□y	b□b□
□□y	□r□	t□□	□k□	□□by
□r□	d□□	□□y	s□□	□ab□

Listen & Write ! 위의 단어들을 가려주세요.

노력하다	울다	아기	하늘	마른

* 큰소리로 다섯 번 따라 읽어 보세요. ○ ○ ○ ○ ○

bod**y**	cand**y**	lad**y**	sunn**y**	craz**y**
몸	사탕	숙녀	화창한	미친
bod□ □o□y bo□□	cand□ c□□dy □an□□	lad□ □ad□ □□dy	sunn□ s□nn□ s□□□y	craz□ □raz□ □r□□y
b□d□	c□n□□	la□□	□un□□	cr□□□

미친	숙녀	몸	사탕	화창한

 다음 주어진 그림과 우리말에 알맞은 단어를 고르고 영어로 써 보세요.

1 숙녀 lady☐ candy☐

2 노력하다 cry☐ try☐

3 화창한 sunny☐ lady☐

4 몸 body☐ crazy☐

5 하늘 dry☐ sky☐

6 아기 body☐ baby☐

7 마른 dry☐ sunny☐

8 미친 baby☐ crazy☐

9 울다 sky☐ cry☐

10 사탕 candy☐ try☐

 다음 우리말에 알맞은 단어를 골라 써 보세요.

1 The __________ is wearing an elegant hat.
(lady, baby, body)

그 숙녀는 우아한 모자를 쓰고 있다.

2 They went for a picnic on a __________ day.
(try, sky, sunny)

그들은 화창한 날 소풍을 갔다.

3 The babies __________ at the same time.
(dry, cry, crazy)

그 아기들은 동시에 운다.

4 She takes care of her __________.
(candy, crazy, baby)

그녀는 그녀의 아기를 돌본다.

5 We __________ to help his family.
(sky, try, lady)

우리는 그의 가족을 도우려고 노력한다.

C

다음 중 알맞은 것을 보기에서 골라 써 보세요.

1 미친

2 사탕

3 화창한

4 하늘

5 몸

6 울다

D

다음 우리말을 영어로 옮긴 것이다. 틀린 철자를 /표 하고 올바르게 고쳐 써 보세요.

1 마른　pry　→

2 아기　babi　→

3 화창한　cunny　→

4 몸　bady　→

5 하늘　sty　→

6 노력하다　tri　→

7 숙녀　ledy　→

8 사탕　camdy　→

9 미친　crasy　→

10 울다　cly　→

Unit 12 ch_, _ch

두 개의 자음 ch는 [tʃ] 소리가 나요.

chat	cheese	child	church	cheap
 잡담하다	치즈	어린이	교회	값이 싼
□□at c□a□ □ha□	□□eese □h□e□e c□□□se	□□ild c□□ld □h□□d	□□urch c□ur□□ □h□□ch	□□eap ch□a□ c□□a□
c□□t	□□ee□□	□□il□	c□□□□h	□□e□p

Listen & Write ! 위의 단어들을 가려주세요.

어린이	값이 싼	잡담하다	치즈	교회

* 큰소리로 다섯 번 따라 읽어 보세요. ○ ○ ○ ○ ○

catch	**rea**ch	**ri**ch	**tea**ch	**tou**ch
잡다	~에 도달하다	부유한	가르치다	만지다
cat□□ □a□ch □at□□	rea□□ □ea□h r□□c□	ri□□ □i□h □ic□	tea□□ t□a□h □ea□□	tou□□ □ou□h t□□c□
□□□□□ □□□□□	□□□□□ □□□□□	□□□□□ □□□□□	□□□□□ □□□□□	□□□□□ □□□□□
c□t□□	□ea□□	r□c□	t□□□h	□ou□□
□□□□□	□□□□□	□□□□□	□□□□□	□□□□□

가르치다	잡다	만지다	~에 도달하다	부유한

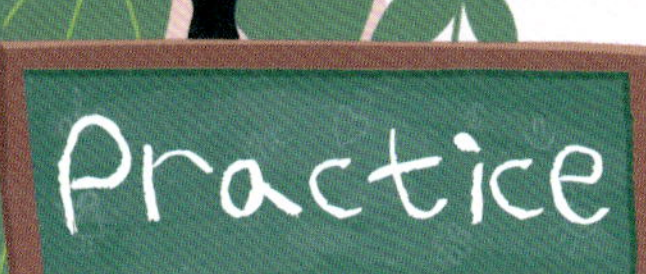

Practice

A 다음 주어진 그림과 우리말에 알맞은 단어를 고르고 영어로 써 보세요.

1 교회 cheese☐ church☐

6 ~에 도달하다 teach☐ reach☐

2 만지다 touch☐ catch☐

7 잡담하다 chat☐ child☐

3 가르치다 cheap☐ teach☐

8 값이 싼 rich☐ cheap☐

4 잡다 chat☐ catch☐

9 치즈 cheese☐ church☐

5 부유한 rich☐ reach☐

10 어린이 touch☐ child☐

B 다음 우리말에 알맞은 단어를 골라 써 보세요.

1 She _________es music to us.
(cheap, teach, touch)

그녀는 우리에게 음악을 가르친다.

2 They _________ on the phone everyday.
(chat, child, catch)

그들은 전화로 매일 잡담한다.

3 The _________ is far from here.
(cheese, church, rich)

그 교회는 여기서 멀다.

4 He didn't _________ the top of a mountain.
(reach, teach, chat)

그들은 산꼭대기에 도달하지 못했다.

5 Don't _________ the screen.
(touch, cheese, cheap)

화면을 만지지 마라.

C 다음 중 알맞은 것을 보기에서 골라 써 보세요.

cheap   cheese   teach   rich   child   catch

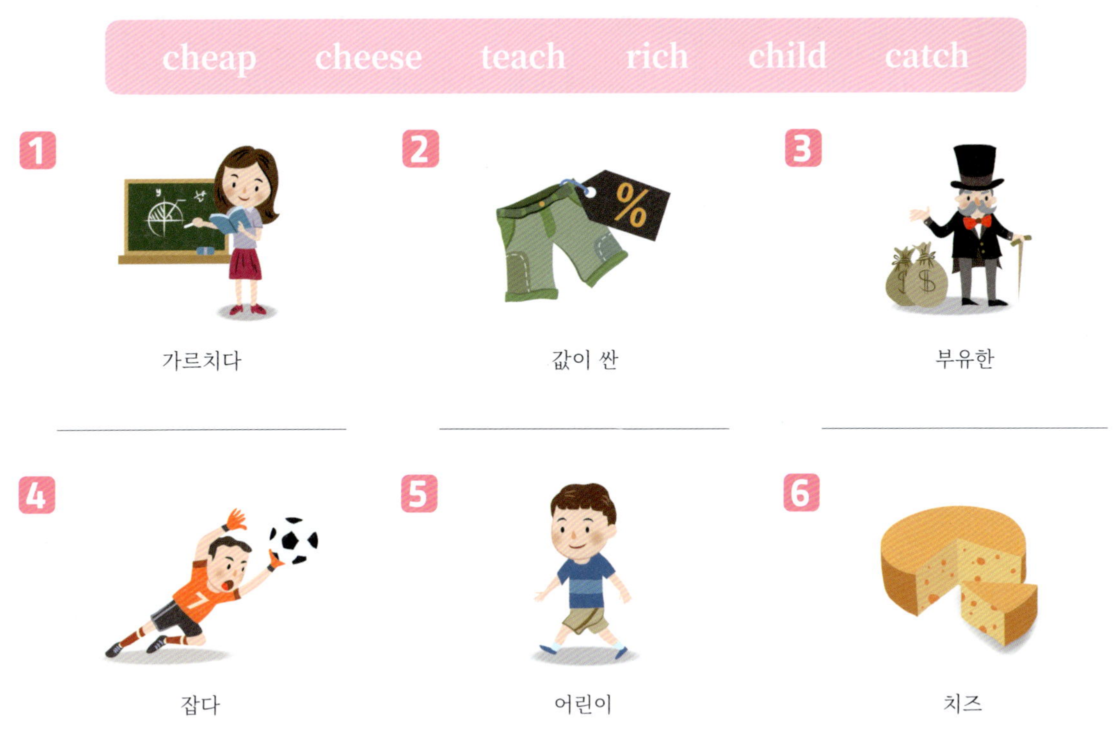

1 가르치다 ___________

2 값이 싼 ___________

3 부유한 ___________

4 잡다 ___________

5 어린이 ___________

6 치즈 ___________

D 다음 우리말을 영어로 옮긴 것이다. 틀린 철자를 /표 하고 올바르게 고쳐 써 보세요.

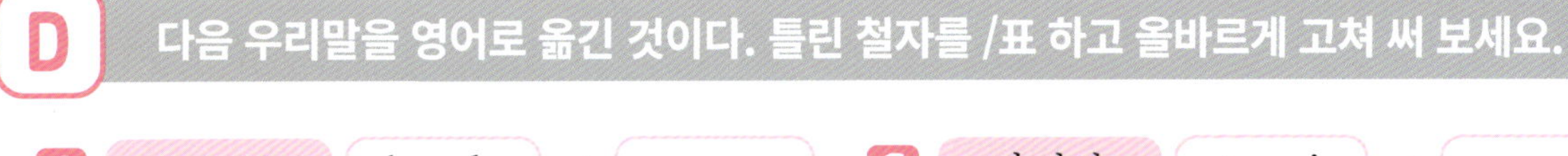

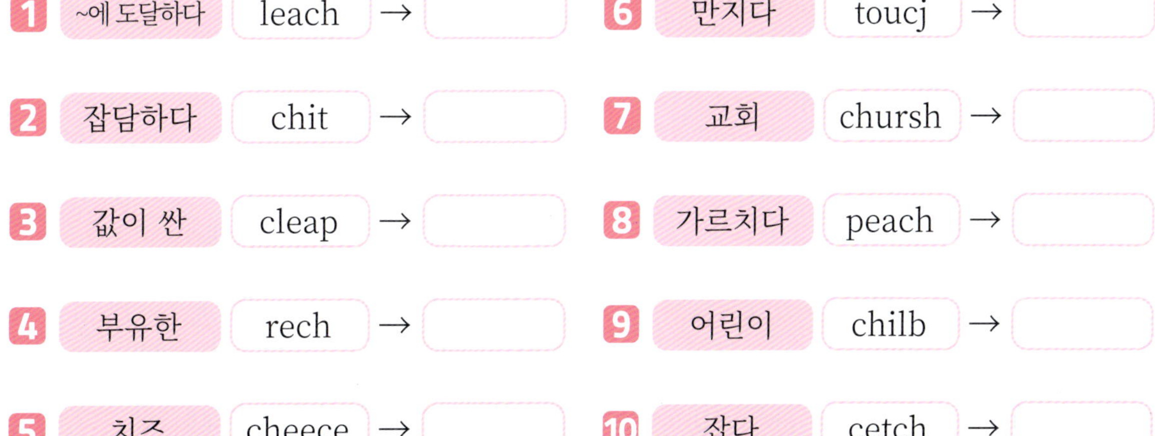

1 ~에 도달하다   leach → ___________

2 잡담하다   chit → ___________

3 값이 싼   cleap → ___________

4 부유한   rech → ___________

5 치즈   cheece → ___________

6 만지다   toucj → ___________

7 교회   chursh → ___________

8 가르치다   peach → ___________

9 어린이   chilb → ___________

10 잡다   cetch → ___________

Unit 13 ch_, _ck

두 개의 자음 ch와 ck는 [k] 소리가 나요.

ache	chorus	Christ	echo	school

아픔	합창곡	그리스도	울림/메아리	학교
a□□e a□h□ □□he	□□orus c□□r□s cho□□□	□□rist C□ri□□ □hr□s□	e□□o □c□o □ch□	s□□ool □c□o□l s□ho□□
ac□□	□h□r□□	□□□□st	ec□□	□□□oo□

Listen & Write! 위의 단어들을 가려주세요.

학교	그리스도	울림/메아리	합창곡	아픔

* 큰소리로 다섯 번 따라 읽어 보세요. ○ ○ ○ ○ ○

pack	kick	pick	stick	snack
(짐을) 싸다	차다	고르다	막대기	간식
pa□□ □ac□ □a□k	ki□□ □i□k k□□k	pi□□ p□c□ □□ck	sti□□ □t□ck s□□□k	sna□□ □na□k □n□c□
□□	□□	□□	□□	□□
□□	□□	□□	□□	□□
p□□k	□ic□	p□□k	□ti□□	s□a□□
□□	□□	□□	□□	□□

막대기	간식	고르다	차다	(짐을) 싸다

A 다음 주어진 그림과 우리말에 알맞은 단어를 고르고 영어로 써 보세요.

1. 학교 school☐ Christ☐

2. 고르다 kick☐ pick☐

3. (짐을) 싸다 pack☐ snack☐

4. 간식 snack☐ school☐

5. 아픔 echo☐ ache☐

6. 막대기 pick☐ stick☐

7. 합창곡 chorus☐ ache☐

8. 울림/메아리 stick☐ echo☐

9. 차다 kick☐ pack☐

10. 그리스도 chorus☐ Christ☐

B 다음 우리말에 알맞은 단어를 골라 써 보세요.

1. She has to _________ quickly.
(pack, pick, kick)

그녀는 빨리 짐을 싸야 한다.

2. A child throws a long _________.
(snack, stick, pick)

한 어린이가 긴 막대기를 던진다.

3. They sing the _________ at the auditorium.
(Christ, ache, chorus)

그들은 강당에서 합창곡을 부른다.

4. I _________ ed a ring for her.
(pick, kick, stick)

나는 그녀를 위해 반지를 골랐다.

5. We goes to _________ five days a week.
(chorus, echo, school)

우리는 일주일에 5일 학교에 간다.

C 다음 중 알맞은 것을 보기에서 골라 써 보세요.

kick   stick   ache   echo   snack   Christ

1 아픔

2 그리스도

3 울림/메아리

4 막대기

5 차다

6 간식

D 다음 우리말을 영어로 옮긴 것이다. 틀린 철자를 /표 하고 올바르게 고쳐 써 보세요.

1 고르다   tick   →

2 학교   schoor   →

3 막대기   stict   →

4 그리스도   Chrest   →

5 간식   sneck   →

6 (짐을) 싸다   pick   →

7 합창곡   churus   →

8 아픔   acke   →

9 울림/메아리   ekho   →

10 차다   kich   →

Unit 14 sh_, _sh

단어의 처음과 마지막 sh는 [ʃ] 소리가 나요.

ship	shop	shut	shine	cash
배	가게	닫다	빛나다	현금
□□ip s□i□ □hi□	□□op □h□p □ho□	□□ut s□u□ sh□□	□□ine s□i□e □□□ne	ca□□ c□s□ □□sh
s□□p	sh□□	□h□t	s□i□□	□a□h

Listen & Write ! 위의 단어들을 가려주세요.

닫다	배	현금	가게	빛나다

* 큰소리로 다섯 번 따라 읽어 보세요. ○ ○ ○ ○ ○

dish	**fish**	**push**	**trash**	**finish**
접시/요리	생선	밀다	쓰레기	끝내다
di□□ □is□ d□□h	fi□□ f□□h □i□h	pu□□ p□s□ □□sh	tra□□ t□□sh □r□s□	fini□□ f□n□□h □i□□sh
□□□□	□□□□	□□□□	□□□□	□□□□□
□□□□	□□□□	□□□□	□□□□	□□□□□
□i□h	□is□	□u□h	□ra□□	f□□i□□
□□□□	□□□□	□□□□	□□□□	□□□□□

밀다	쓰레기	생선	끝내다	접시/요리

 다음 주어진 그림과 우리말에 알맞은 단어를 고르고 영어로 써 보세요.

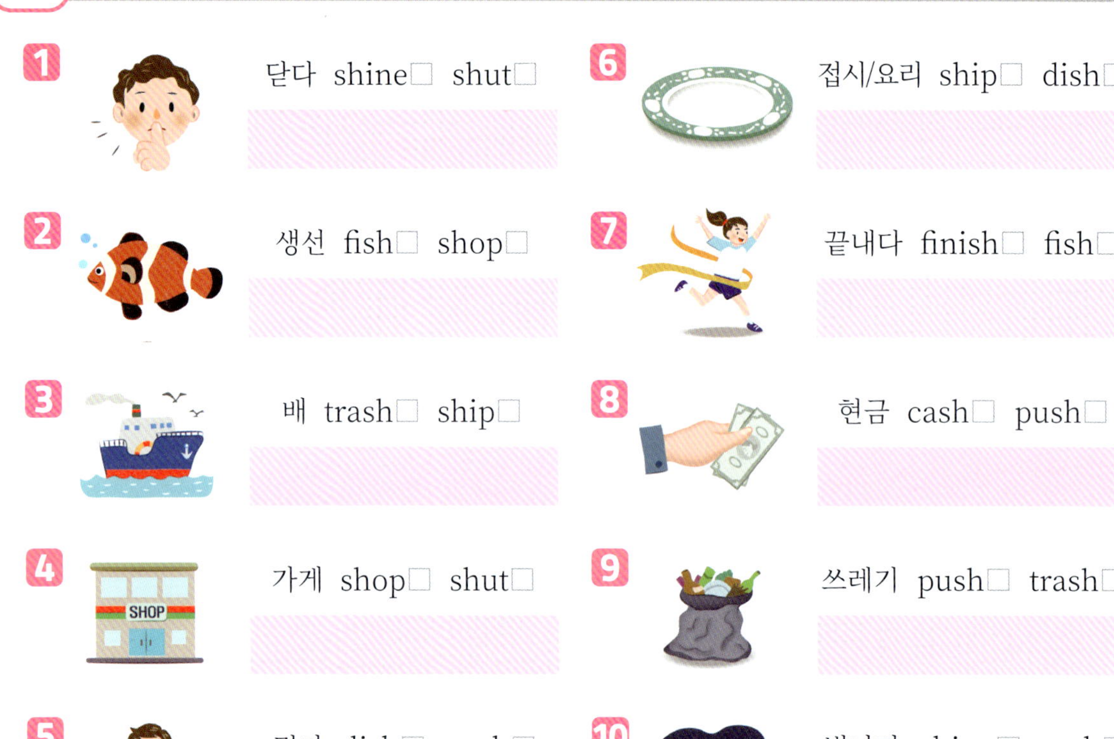

1 닫다 shine☐ shut☐

6 접시/요리 ship☐ dish☐

2 생선 fish☐ shop☐

7 끝내다 finish☐ fish☐

3 배 trash☐ ship☐

8 현금 cash☐ push☐

4 가게 shop☐ shut☐

9 쓰레기 push☐ trash☐

5 밀다 dish☐ push☐

10 빛나다 shine☐ cash☐

 다음 우리말에 알맞은 단어를 골라 써 보세요.

1 There is no more __________.
(fish, cash, dish)

더 이상 접시가 없다.

2 She suddenly __________s the door.
(shop, shut, shine)

그녀는 갑자기 문을 닫는다.

3 I almost __________ed cleaning the room.
(finish, fish, push)

나는 방 청소를 거의 끝냈다.

4 Two __________s arrived at the harbor.
(ship, shop, shut)

두 대의 배가 항구에 도착했다.

5 The __________ is so fresh and big.
(dish, fish, cash)

그 생선은 매우 신선하고 크다.

C 다음 중 알맞은 것을 보기에서 골라 써 보세요.

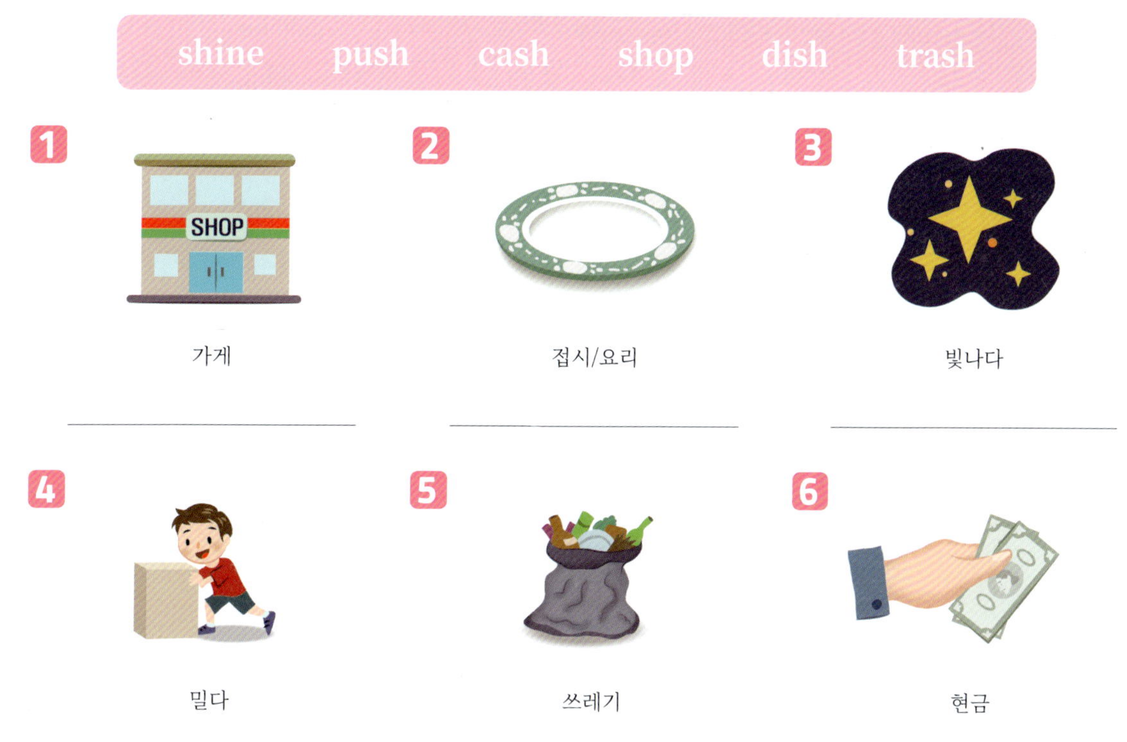

1 가게

2 접시/요리

3 빛나다

4 밀다

5 쓰레기

6 현금

D 다음 우리말을 영어로 옮긴 것이다. 틀린 철자를 /표 하고 올바르게 고쳐 써 보세요.

1 생선   pish   →

6 닫다   shot   →

2 배   chip   →

7 끝내다   fimish   →

3 접시   disk   →

8 가게   chop   →

4 현금   cach   →

9 밀다   pusk   →

5 빛나다   shane   →

10 쓰레기   trach   →

두 개의 자음 th는 [ð]나 [θ] 소리가 나요

thin	think	father	mother	brother
얇은/마른	생각하다	아버지	어머니	형제
□□in t□□n □h□n	□□ink t□i□k □□in□	fa□□er f□t□□r □ath□□	mo□□er □ot□□r m□□he□	bro□□er b□o□he□ □□□th□r
□hi□	t□□n□	□□□□er	□o□□□r	□ro□h□□

Listen & Write ! 위의 단어들을 가려주세요.

어머니	아버지	얇은/마른	형제	생각하다

* 큰소리로 다섯 번 따라 읽어 보세요. ○ ○ ○ ○ ○

bath	**math**	**earth**	**mouth**	**south**
목욕(하다)	수학	지구	입	남쪽
ba□□ b□□h □a□h	ma□□ □at□ m□□h	ear□□ e□□th □a□t□	mou□□ mo□□h □□ut□	sou□□ s□□th □o□□h
□□□□□	□□□□□	□□□□□	□□□□□	□□□□□
□□□□□	□□□□□	□□□□□	□□□□□	□□□□□
b□t□	□□th	□ar□□	□o□□h	s□□t□
□□□□□	□□□□□	□□□□□	□□□□□	□□□□□

수학	남쪽	입	목욕(하다)	지구

A 다음 주어진 그림과 우리말에 알맞은 단어를 고르고 영어로 써 보세요.

1 목욕(하다) brother☐ bath☐

6 수학 math☐ mother☐

2 생각하다 think☐ thin☐

7 어머니 father☐ mother☐

3 입 mouth☐ bath☐

8 얇은/마른 thin☐ south☐

4 아버지 father☐ earth☐

9 지구 math☐ earth☐

5 남쪽 think☐ south☐

10 형제 brother☐ mouth☐

B 다음 우리말에 알맞은 단어를 골라 써 보세요.

1 He forgot to __________ his dog.
(bath, earth, south)

그는 그의 강아지를 목욕시키는 것을 잊었다.

2 She covers her __________ with hand.
(math, mouth, bath)

그녀가 손으로 그녀의 입을 막는다.

3 Her __________ waits for her at home.
(brother, father, mother)

그녀의 어머니가 집에서 그녀를 기다린다.

4 We always __________ of you.
(south, thin, think)

우리는 항상 너를 생각한다.

5 I study __________ very hard.
(math, earth, father)

나는 매우 열심히 수학을 공부한다.

C 다음 중 알맞은 것을 보기에서 골라 써 보세요.

> earth   mother   south   thin   brother   father

1 형제

2 남쪽

3 얇은/마른

4 어머니

5 지구

6 아버지

D 다음 우리말을 영어로 옮긴 것이다. 틀린 철자를 /표 하고 올바르게 고쳐 써 보세요.

1 어머니　muther　→

2 생각하다　shink　→

3 남쪽　sauth　→

4 형제　brotker　→

5 얇은/마른　shin　→

6 입　mauth　→

7 목욕(하다)　bach　→

8 수학　meth　→

9 지구　earsh　→

10 아버지　facher　→

1 다음 우리말에 알맞게 빈칸을 채워 보세요.

1 ache - ___ - ___ - ___ - ___
아픔 　 울림/메아리 　 차다 　 간식 　 고르다

2 sunny - ___ - ___ - ___ - ___
화창한 　 몸 　 숙녀 　 아기 　 사탕

3 touch - ___ - ___ - ___ - ___
만지다 　 잡담하다 　 가르치다 　 치즈 　 값이 싼

4 crazy - ___ - ___ - ___ - ___
미친 　 노력하다 　 울다 　 하늘 　 마른

5 earth - ___ - ___ - ___ - ___
지구 　 수학 　 입 　 목욕(하다) 　 남쪽

6 chorus - ___ - ___ - ___ - ___
합창곡 　 학교 　 막대기 　 (짐을) 싸다 　 그리스도

7 shine - ___ - ___ - ___ - ___
빛나다 　 생선 　 가게 　 밀다 　 닫다

8 church - ___ - ___ - ___ - ___
교회 　 어린이 　 ~에 도달하다 　 잡다 　 부유한

9 brother - ___ - ___ - ___ - ___
형제 　 생각하다 　 아버지 　 얇은/마른 　 어머니

10 finish - ___ - ___ - ___ - ___
끝내다 　 현금 　 배 　 쓰레기 　 접시/요리

2 다음 문장의 빈칸에 알맞은 단어를 골라 보세요.

1 She will bring some ______s.
그녀가 약간의 간식을 가져올 것이다
① snack   ② shut   ③ stick

2 This is not a ______ sofa.
이것은 값이 싼 소파가 아니다.
① child   ② cheap   ③ Christ

3 My cousin didn't ______ yesterday.
나의 사촌은 어제 울지 않았다.
① try   ② cry   ③ dry

4 That mattress looks very ______.
저 매트리스는 매우 얇아 보인다.
① thin   ② trash   ③ teach

5 The ______ is round.
지구는 둥글다.
① bath   ② ache   ③ earth

6 The lake ______s like crystal.
호수가 크리스탈처럼 빛난다.
① sky   ② shtick   ③ shine

7 Don't ______ the trash can.
쓰레기통을 차지 마라.
① pick   ② kick   ③ pack

8 She hides a ______ in her pocket.
그녀는 주머니에 사탕 하나를 숨긴다.
① candy   ② cash   ③ echo

9 They ______ the bookshelf.
그들이 책장을 민다.
① catch   ② fish   ③ push

10 Put a slice of ______ on the bread.
빵에 치즈 한 장을 놓아라.
① sunny   ② cheese   ③ dish

Unit 16 wh_

두 개의 자음 wh는 [w] 소리가 나요. 단, who의 wh는 [h] 소리가 나요.

what	when	where	which	˙who
무엇	언제	어디에	어느(것)	누구
□□at w□a□ □ha□	□□en w□□n □h□n	□□ere w□e□e □□er□	□□ich w□□ch □h□□h	□□o w□o □h□
□h□t	□he□	w□□□e	□□i□h	w□□

Listen & Write ! 위의 단어들을 가려주세요.

어디에	누구	무엇	언제	어느(것)

* 큰소리로 다섯 번 따라 읽어 보세요. ○ ○ ○ ○ ○

why	**wh**ale	**wh**ite	**wh**ip	**wh**istle
왜	고래	흰색	채찍	휘파람을 불다/ 호각
☐☐y w☐y w☐☐	☐☐ale ☐h☐le w☐a☐☐	☐☐ite wh☐t☐ ☐hi☐☐	☐☐ip w☐☐p ☐h☐p	☐☐istle w☐☐st☐e ☐hi☐t☐☐
☐☐☐	☐☐☐	☐☐☐	☐☐☐	☐☐☐
☐☐☐	☐☐☐	☐☐☐	☐☐☐	☐☐☐
☐h☐	☐h☐☐e	☐☐it☐	w☐i☐	☐☐☐st☐☐
☐☐☐	☐☐☐	☐☐☐	☐☐☐	☐☐☐

휘파람을 불다/호각	흰색	채찍	왜	고래

A 다음 주어진 그림과 우리말에 알맞은 단어를 고르고 영어로 써 보세요.

1 고래 who ☐ whale ☐

6 누구 why ☐ who ☐

2 어디에 where ☐ whale ☐

7 무엇 whistle ☐ what ☐

3 흰색 white ☐ which ☐

8 언제 when ☐ where ☐

4 채찍 what ☐ whip ☐

9 휘파람을 불다/호각 whistle ☐ white ☐

5 어느(것) which ☐ whip ☐

10 왜 when ☐ why ☐

B 다음 우리말에 알맞은 단어를 골라 써 보세요.

1 __________ is the train station?
(When, Where, Whip)

기차역은 어디입니까?

2 __________ do you imagine?
(Which, Why, What)

너는 무엇을 상상하니?

3 Tom saw a __________ at the sea.
(whale, white, whistle)

Tom은 바다에서 고래 한 마리를 보았다.

4 __________ locked the door?
(Whip, Which, Who)

누가 문을 잠궜니?

5 Your teeth are __________.
(whistle, when, white)

너의 이는 하얗다.

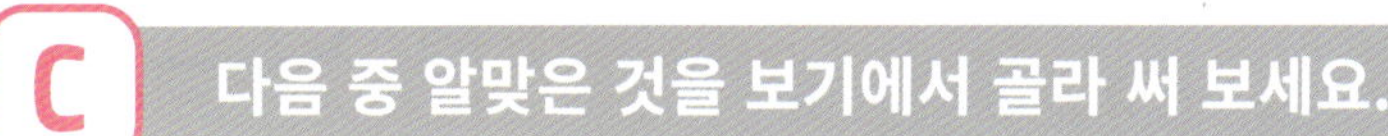

C 다음 중 알맞은 것을 보기에서 골라 써 보세요.

1 어느(것) ________

2 채찍 ________

3 언제 ________

4 휘파람을 불다/호각 ________

5 왜 ________

6 고래 ________

D 다음 우리말을 영어로 옮긴 것이다. 틀린 철자를 /표 하고 올바르게 고쳐 써 보세요.

1 어디에 whare → ________

2 누구 whu → ________

3 고래 whele → ________

4 언제 whan → ________

5 왜 whi → ________

6 흰색 whate → ________

7 무엇 whad → ________

8 채찍 whib → ________

9 어느(것) wfich → ________

10 휘파람을 불다/호각 whisple → ________

단어 마지막의 le는 [l] 소리가 나고 끝에 e는 소리 나지 않아요.

apple	uncle	bubble	candle	couple
사과	삼촌	거품	양초	커플/쌍
app□□ □p□le a□□□e	unc□□ u□cl□ □□□le	bubb□□ b□bb□□ □ub□l□	cand□□ □an□□e c□□dl□	coup□□ □ou□□e c□□p□e
□pp□□	u□c□□	b□□□□e	□a□□□e	□o□p□□

Listen & Write ! 위의 단어들을 가려주세요.

거품	커플/쌍	삼촌	사과	양초

* 큰소리로 다섯 번 따라 읽어 보세요. ○ ○ ○ ○ ○

sample	simple	bottle	little	puzzle
샘플	간단한	병	작은	퍼즐
samp□□ □am□l□ s□□p□e	simp□□ s□□□le □i□p□e	bott□□ b□□tl□ □o□□le	litt□□ l□tt□□ l□□t□e	puzz□□ □u□□le p□z□l□
sa□□□□	s□□p□□	□□tt□□	□□□□□le	p□□□□e

병	퍼즐	작은	샘플	간단한

1 샘플 simple☐ sample☐

6 양초 candle☐ apple☐

2 삼촌 candle☐ uncle☐

7 병 bottle☐ puzzle☐

3 퍼즐 puzzle☐ bottle☐

8 거품 couple☐ bubble☐

4 커플/쌍 uncle☐ couple☐

9 간단한 simple☐ little☐

5 사과 apple☐ sample☐

10 작은 little☐ bubble☐

1 He blows out the __________s.
(couple, candle, uncle)

그는 양초들을 껐다.

2 She shows a __________ to them.
(sample, simple, little)

그녀가 그들에게 샘플 하나를 보여준다.

3 This __________ making is so difficult.
(bubble, apple, puzzle)

이 퍼즐 맞추기는 매우 어렵다.

4 Your __________ has the key.
(candle, uncle, apple)

너의 삼촌이 키를 가지고 있다.

5 Fill this __________ with oil.
(bottle, little, bubble)

기름으로 이 병을 채워라.

다음 중 알맞은 것을 보기에서 골라 써 보세요.

1
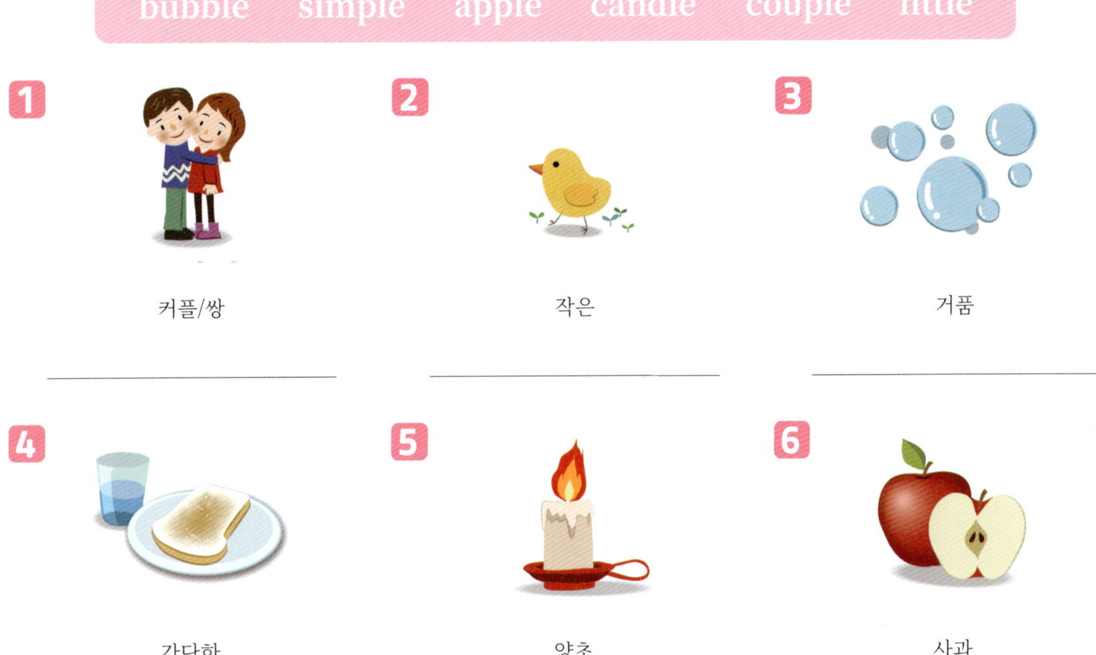
커플/쌍

____

2
작은

____

3
거품

____

4

간단한

____

5
양초

____

6
사과

____

D 다음 우리말을 영어로 옮긴 것이다. 틀린 철자를 /표 하고 올바르게 고쳐 써 보세요.

1 삼촌 uncre → ___________   **6** 병 buttle → ___________

2 퍼즐 puzzli → ___________   **7** 샘플 sampre → ___________

3 양초 sandle → ___________   **8** 작은 lettle → ___________

4 커플/쌍 couble → ___________   **9** 사과 epple → ___________

5 거품 bubbla → ___________   **10** 간단한 simpli → ___________

Unit 18 l blend bl_, cl_, fl_

단어 첫머리에 자음 l과 다른 자음이 와서 혼성어를 만들어요.
이때, 두 개의 자음이 연결되어 소리가 나요.

black	blow	clean	clear	clock
검은색	불다	깨끗한	분명한/치우다	괘종시계
□□ack	□□ow	□□ean	□□ear	□□ock
b□□ck	b□o□	cl□□n	c□ea□	cl□c□
□l□c□	bl□□	□l□a□	□□□ar	□□o□k
□□a□k	□l□w	□□□an	c□e□□	□lo□□

  위의 단어들을 가려주세요.

분명한/치우다	괘종시계	불다	깨끗한	검은색

close	flag	flower	flute	fly
CLOSED				
닫다/가까운	깃발	꽃	플루트	날다
□□ose	□□ag	□□ower	□□ute	□□y
c□o□e	f□a□	f□ow□□	f□u□e	fl□
□□os□	□la□	□□ow□r	fl□□□	□l□
□□□□□	□□□□	□□□□□	□□□□□	□□□
□□□□□	□□□□	□□□□□	□□□□□	□□□
cl□□□	f□□g	□□□□er	□□ut□	f□□
□□□□□	□□□□	□□□□□	□□□□□	□□□

닫다/가까운	날다	플루트	깃발	꽃

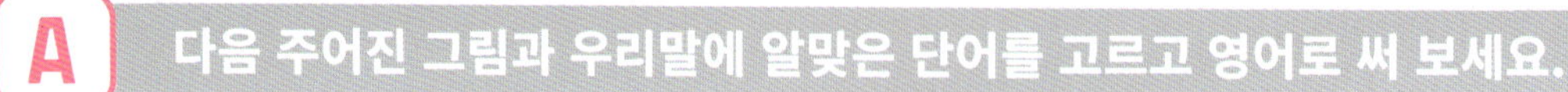

Practice

A 다음 주어진 그림과 우리말에 알맞은 단어를 고르고 영어로 써 보세요.

1 닫다/가까운 blow☐ close☐

6 깨끗한 clean☐ clock☐

2 검은색 black☐ flute☐

7 플루트 fly☐ flute☐

3 분명한/치우다 clean☐ clear☐

8 깃발 black☐ flag☐

4 꽃 flower☐ close☐

9 날다 fly☐ flower☐

5 불다 flag☐ blow☐

10 괘종시계 clock☐ clear☐

B 다음 우리말에 알맞은 단어를 골라 써 보세요.

1 The shop __________s at 7 o'clock.
(clock, clean, close)

그 가게는 7시에 닫는다.

2 He gave me an old __________.
(fly, flute, flower)

그가 나에게 오래된 플루트를 주었다.

3 Keep your room __________.
(clear, clean, clock)

방을 깨끗하게 해라.

4 My dog is small and __________.
(flower, blow, black)

나의 강아지는 작고 검은색이다.

5 This is the Korean __________.
(flute, fly, flag)

이것은 한국의 태극기(깃발)이다.

다음 중 알맞은 것을 보기에서 골라 써 보세요.

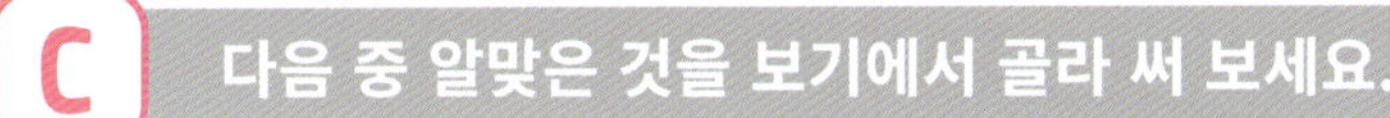

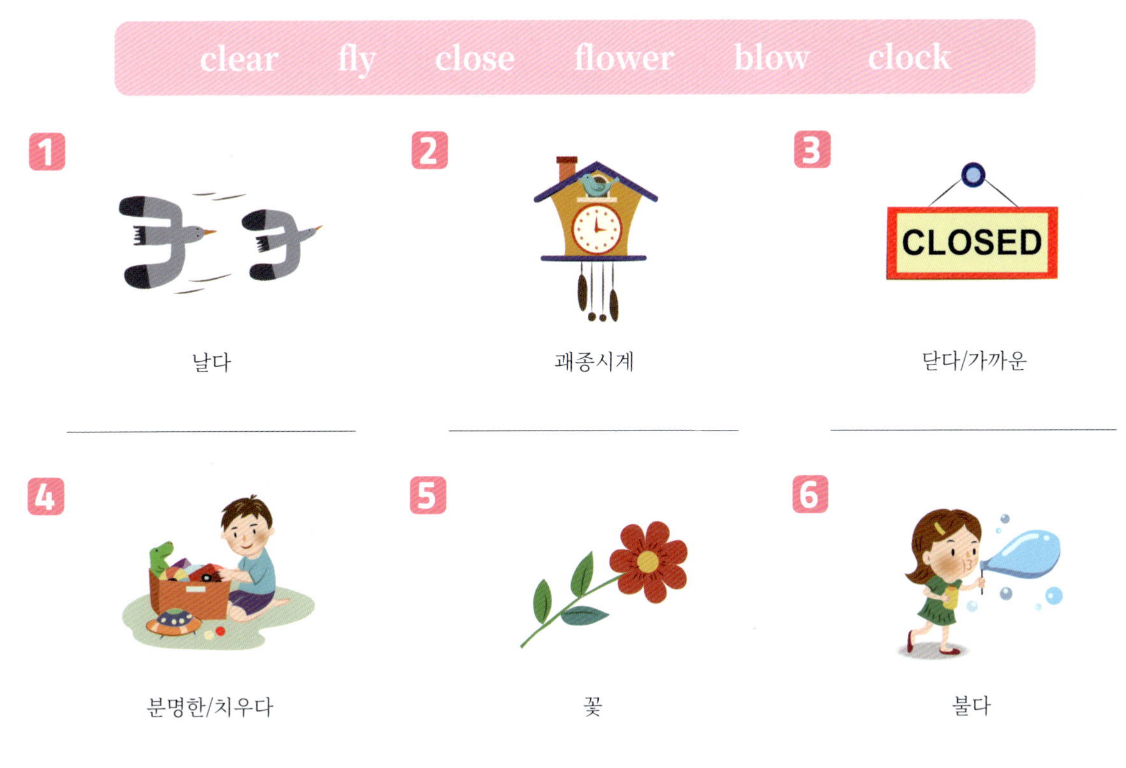

1 날다

2 괘종시계

3 닫다/가까운

4 분명한/치우다

5 꽃

6 불다

D **다음 우리말을 영어로 옮긴 것이다. 틀린 철자를 /표 하고 올바르게 고쳐 써 보세요.**

1 플루트   flate   →

2 검은색   brack   →

3 닫다/가까운   cloce   →

4 괘종시계   cloch   →

5 불다   brow   →

6 깃발   fleg   →

7 깨끗한   cleen   →

8 분명한/치우다   crear   →

9 꽃   flouer   →

10 날다   fli   →

단어 첫머리에 자음 l과 다른 자음이 와서 혼성어를 만들어요.
이때 두 개의 자음이 연결되어 소리가 나요.

glad	glass	gloves	place	plan
기쁜	유리(잔)	장갑	장소	계획(하다)
□□ad g□a□ gl□□	□□ass gl□s□ □la□□	□□oves g□□ves □l□v□□	□□ace p□a□e □l□c□	□□an □l□n pl□□
□la□	□□□ss	g□□□es	pl□□□	p□a□

Listen & Write !   위의 단어들을 가려주세요.

장소	계획(하다)	유리(잔)	장갑	기쁜

* 큰소리로 다섯 번 따라 읽어 보세요. ○ ○ ○ ○ ○

plane	**pl**ay	**pl**us	**sl**eep	**sl**ip
비행기	놀다	더하기	자다	미끄러지다
□□ane p□□ne □la□□	□□ay □la□ pl□□	□□us p□u□ □lu□	□□eep s□ee□ □□□ep	□□ip s□□p □l□p
□□□□	□□□□	□□□□	□□□□	□□□□
□□□□	□□□□	□□□□	□□□□	□□□□
p□□n□	□l□y	p□□s	s□□□p	□li□
□□□□	□□□□	□□□□	□□□□	□□□□

더하기	지다	미끄러지다	비행기	놀다

다음 주어진 그림과 우리말에 알맞은 단어를 고르고 영어로 써 보세요.

1. 더하기 plus☐ place☐

2. 계획(하다) sleep☐ plan☐

3. 장소 place☐ gloves☐

4. 비행기 plan☐ plane☐

5. 유리(잔) glad☐ glass☐

6. 기쁜 glad☐ play☐

7. 장갑 glass☐ gloves☐

8. 미끄러지다 slip☐ plus☐

9. 자다 slip☐ sleep☐

10. 놀다 play☐ plane☐

다음 우리말에 알맞은 단어를 골라 써 보세요.

1. Where did you buy the __________?
(glass, gloves, place)

너는 어디에서 그 장갑을 샀니?

2. She __________ ped on the ice yesterday.
(slip, sleep, plane)

그녀는 어제 빙판 길에서 미끄러졌다.

3. I am __________ to meet you.
(play, glass, glad)

나는 당신을 만나서 기쁩니다.

4. He changed the original __________.
(play, place, plan)

그는 원래의 계획을 바꿨다.

5. Three __________ four is seven. Right?
(glad, plus, slip)

3 더하기 4는 7이다. 그렇지?

다음 중 알맞은 것을 보기에서 골라 써 보세요.

sleep	glass	plane	place	glad	play

1 유리(잔) ______________

2 자다 ______________

3 놀다 ______________

4 장소 ______________

5 기쁜 ______________

6 비행기 ______________

D **다음 우리말을 영어로 옮긴 것이다. 틀린 철자를 /표 하고 올바르게 고쳐 써 보세요.**

1 더하기 prus → ____________   **6** 장갑 globes → ____________

2 미끄러지다 zlip → ____________   **7** 계획(하다) plam → ____________

3 기쁜 gled → ____________   **8** 유리(잔) gless → ____________

4 비행기 plany → ____________   **9** 장소 plase → ____________

5 놀다 pray → ____________   **10** 자다 sleap → ____________

Unit 20 r blend br_, cr_, dr_

단어 첫머리에 자음 r과 다른 자음이 와서 혼성어를 만들어요.
이때 이 혼성어는 각각 자기의 소리가 나요.

brave	brush	cream	crown	draw
용감한	솔	크림	왕관	그리다
☐☐ave	☐☐ush	☐☐eam	☐☐own	☐☐aw
b☐av☐	b☐☐sh	☐re☐m	☐row☐	d☐a☐
☐ra☐☐	☐r☐s☐	cr☐☐☐	c☐o☐☐	dr☐☐
☐☐☐ve	b☐u☐☐	☐r☐☐m	☐ro☐☐	☐r☐w

 위의 단어들을 가려주세요.

그리다	크림	왕관	용감한	솔

* 큰소리로 다섯 번 따라 읽어 보세요. ○ ○ ○ ○ ○

dream	**dr**ess	**dr**ink	**dr**ive	**dr**op
꿈(꾸다)	드레스	마시다	운전하다	떨어지다
□□eam d□e□m □□□am	□□ess d□□ss □r□s□	□□ink □r□nk dr□□□	□□ive d□iv□ □r□□e	□□op d□o□ □r□p
□re□□	□□es□	d□□□k	d□i□□	dr□□

운전하다	떨어지다	꿈(꾸다)	마시다	드레스

Practice

A 다음 주어진 그림과 우리말에 알맞은 단어를 고르고 영어로 써 보세요.

1 꿈(꾸다) dream☐ crown☐

6 마시다 drink☐ drop☐

2 운전하다 drive☐ draw☐

7 왕관 cream☐ crown☐

3 용감한 brush☐ brave☐

8 그리다 draw☐ dress☐

4 솔 brush☐ drink☐

9 드레스 dress☐ drive☐

5 크림 dream☐ cream☐

10 떨어지다 brave☐ drop☐

B 다음 우리말에 알맞은 단어를 골라 써 보세요.

1 Don't __________ milk too much.
(drink, dress, drop)

우유를 너무 많이 마시지 마라.

2 She learned how to __________.
(draw, drive, brave)

그녀는 운전하는 법을 배웠다.

3 Your __________ will come true.
(cream, dream, drink)

너의 꿈은 이루어질 것이다.

4 The boy became a __________ man.
(drop, brush, brave)

그 소년은 용감한 사람이 되었다.

5 He is wearing a gold __________.
(dress, cream, crown)

그는 금으로 된 왕관을 쓰고 있다.

C 다음 중 알맞은 것을 보기에서 골라 써 보세요.

1

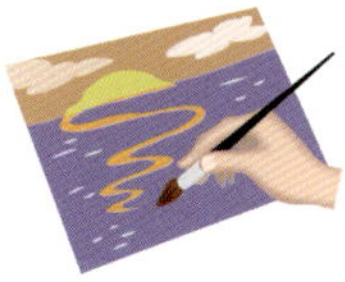

그리다

____

2

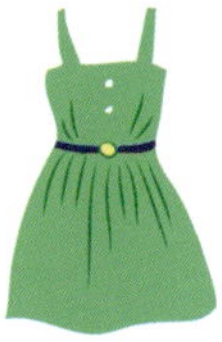

드레스

____

3

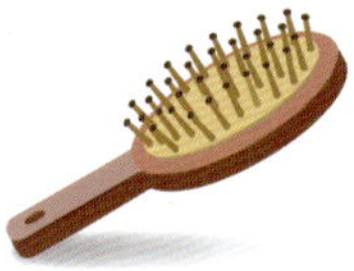

솔

____

4

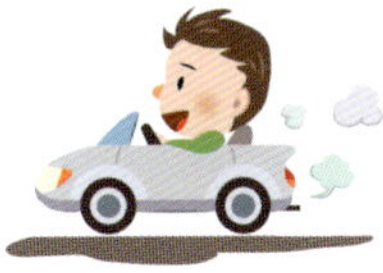

운전하다

____

5

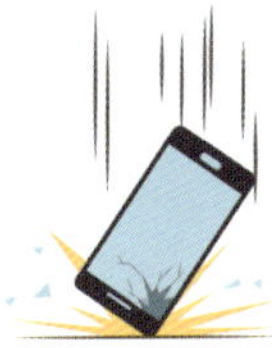

떨어지다

____

6

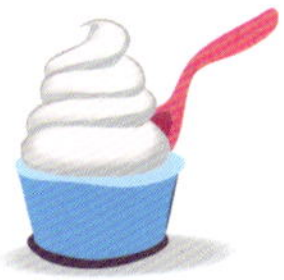

크림

____

D 다음 우리말을 영어로 옮긴 것이다. 틀린 철자를 /표 하고 올바르게 고쳐 써 보세요.

1 마시다　dlink　→ ____________ 　**6** 꿈(꾸다)　bream　→ ____________

2 왕관　clown　→ ____________ 　**7** 용감한　blave　→ ____________

3 떨어지다　drup　→ ____________ 　**8** 운전하다　dribe　→ ____________

4 크림　kream　→ ____________ 　**9** 드레스　drass　→ ____________

5 솔　bruch　→ ____________ 　**10** 그리다　drow　→ ____________

1 다음 우리말에 알맞게 빈칸을 채워 보세요.

1. flower - ___ - ___ - ___ - ___
   꽃　　닫다/가까운　　깨끗한　　플루트　　불다

2. dream - ___ - ___ - ___ - ___
   꿈(꾸다)　　크림　　마시다　　용감한　　그리다

3. bubble - ___ - ___ - ___ - ___
   거품　　사과　　병　　샘플　　작은

4. plane - ___ - ___ - ___ - ___
   비행기　　장소　　기쁜　　미끄러지다　　장갑

5. drive - ___ - ___ - ___ - ___
   운전하다　　솔　　왕관　　떨어지다　　드레스

6. where - ___ - ___ - ___ - ___
   어디　　고래　　채찍　　무엇　　누구

7. uncle - ___ - ___ - ___ - ___
   삼촌　　간단한　　퍼즐　　양초　　커플/쌍

8. glass - ___ - ___ - ___ - ___
   유리(잔)　　놀다　　자다　　더하기　　계획(하다)

9. whistle - ___ - ___ - ___ - ___
   휘파람을 불다/호각　　언제　　왜　　흰색　　어느(것)

10. clear - ___ - ___ - ___ - ___
    분명한/치우다　　날다　　검은색　　괘종시계　　깃발

1 My house is a good _______ to rest.
우리 집은 쉬기에 좋은 장소이다.

① glove   ② place   ③ dress

2 They _______ an elephant.
그들은 코끼리를 그린다.

① draw   ② black   ③ white

3 They are not a _______.
그들은 커플이 아니다.

① simple   ② flag   ③ couple

4 Mom eats a sweet _______.
엄마는 달콤한 사과를 먹는다.

① apple   ② cream   ③ candle

5 She prepares a bouquet of _______s.
그녀는 꽃 한 다발을 준비한다.

① bubble   ② flower
③ sample

6 He blew the _______ to call me.
그는 나를 부르기 위해 호각을 불었다.

① clean   ② bottle   ③ whistle

7 She uses a thin _______.
그녀는 얇은 솔을 사용한다.

① glass   ② brush   ③ blow

8 _______ bag is yours?
어느 가방이 너의 것이니?

① What   ② Whip   ③ Which

9 The _______ on the wall is broken.
벽에 있는 괘종시계가 고장 났다.

① clock   ② crown   ③ flute

10 Let's _______ together.
함께 놀자.

① play   ② plus   ③ whale

Unit 21　r blend fr_, gr_

단어 첫머리에 자음 r과 다른 자음이 와서 혼성어를 만들어요.
이때 이 혼성어는 각각 자기의 소리가 나요.

France	fresh	front	friend	frog
프랑스	신선한	앞면	친구	개구리
□□ance	□□esh	□□ont	□□iend	□□og
F□□nc□	f□es□	f□o□t	□r□□nd	□ro□
□r□n□e	□□e□h	□ro□□	fr□□n□	f□o□
F□□□□e	□re□□	□□□nt	□r□e□□	f□□g

위의 단어들을 가려주세요.

친구	프랑스	개구리	앞면	신선한

* 큰소리로 다섯 번 따라 읽어 보세요. ○○○○○

gray	**gr**ade	**gr**een	**gr**eat	**gr**oup
회색	등급/점수	초록색	훌륭한/위대한	그룹
□□ay □ra□ gr□□	□□ade g□□de □r□d□	□□een g□ee□ □r□□n	□□eat □re□t □r□a□	□□oup g□□up □r□u□
□□□□	□□□□	□□□□	□□□□	□□□□
□□□□	□□□□	□□□□	□□□□	□□□□
g□a□	□□a□e	gr□□□	g□□a□	□ro□□
□□□□	□□□□	□□□□	□□□□	□□□□

초록색	그룹	회색	등급/점수	훌륭한/위대한

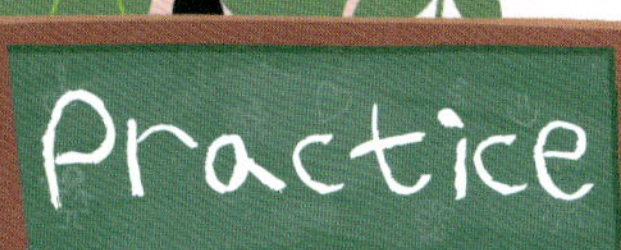

A   다음 주어진 그림과 우리말에 알맞은 단어를 고르고 영어로 써 보세요.

1 훌륭한/위대한 green☐ great☐

6 등급/점수 gray☐ grade☐

2 앞면 front☐ group☐

7 프랑스 France☐ frog☐

3 개구리 fresh☐ frog☐

8 초록색 grade☐ green☐

4 친구 great☐ friend☐

9 그룹 group☐ front☐

5 신선한 fresh☐ France☐

10 회색 friend☐ gray☐

B   다음 우리말에 알맞은 단어를 골라 써 보세요.

1 What is your __________ on the test?
(group, green, grade)

시험에서 너의 성적은 무엇이니?

2 The writer's name is on the __________.
(front, fresh, frog)

작가의 이름은 앞면에 있다.

3 Tom is a __________ player in his team.
(grade, great, gray)

Tom은 그의 팀에서 훌륭한 선수이다.

4 What about a trip to __________.
(friend, front, France)

프랑스로 여행가는 것은 어때요?

5 That ______ can change the color of body.
(frog, gray, fresh)

저 개구리는 몸의 색을 바꿀 수 있다.

 다음 중 알맞은 것을 보기에서 골라 써 보세요.

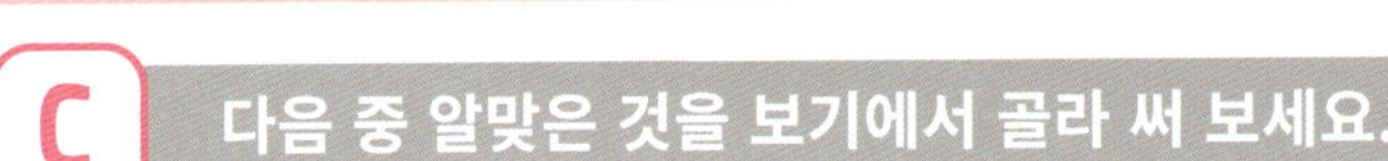

1  친구	**2** 초록색	**3** 신선한
4 훌륭한/위대한	**5** 그룹	**6** 회색

D 다음 우리말을 영어로 옮긴 것이다. 틀린 철자를 /표 하고 올바르게 고쳐 써 보세요.

1 앞면　gront　→ 　　　　　　**6** 등급/점수　grede　→

2 개구리　flog　→ 　　　　　　**7** 프랑스　Flance　→

3 그룹　grouf　→ 　　　　　　**8** 훌륭한/위대한　greut　→

4 신선한　presh　→ 　　　　　　**9** 친구　friemd　→

5 초록색　grean　→ 　　　　　　**10** 회색　griy　→

Unit 22　r blend pr_, tr_

단어 첫머리에 자음 r과 다른 자음이 와서 혼성어를 만들어요.
이때 이 혼성어는 각각 자기의 소리가 나요.

pray	**pr**ice	**pr**ide	**pr**ize	**pr**oud
기도하다	가격	자부심	상	자랑스러운
□□ay	□□ice	□□ide	□□ize	□□oud
□ra□	p□□ce	□ri□e	p□i□e	p□□ud
p□a□	□r□c□	p□□□e	□ri□□	pr□□□
□r□y	p□□c□	□□i□e	□r□z□	□□ou□

Listen & Write!　위의 단어들을 가려주세요.

상	기도하다	자랑스러운	가격	자부심

* 큰소리로 다섯 번 따라 읽어 보세요. ○ ○ ○ ○ ○

train	**tr**ay	**tr**ip	**tr**uck	**tr**ust
기차	쟁반	여행	트럭	신뢰하다
☐☐ain ☐ra☐n t☐☐i☐	☐☐ay ☐ra☐ ☐☐ay	☐☐ip t☐☐p ☐r☐p	☐☐uck ☐ruc☐ t☐☐c☐	☐☐ust t☐us☐ ☐ru☐☐
☐☐☐☐☐	☐☐☐☐	☐☐☐☐	☐☐☐☐	☐☐☐☐
☐☐☐☐☐	☐☐☐☐	☐☐☐☐	☐☐☐☐	☐☐☐☐
t☐a☐☐	tr☐☐	☐ri☐	☐r☐☐k	☐☐☐st
☐☐☐☐☐	☐☐☐☐	☐☐☐☐	☐☐☐☐	☐☐☐☐

신뢰하다	여행	쟁반	기차	트럭

Practice

A 다음 주어진 그림과 우리말에 알맞은 단어를 고르고 영어로 써 보세요.

1 쟁반 tray□ trip□

6 가격 truck□ price□

2 신뢰하다 prize□ trust□

7 상 prize□ train□

3 여행 pride□ trip□

8 기도하다 pray□ trust□

4 트럭 truck□ proud□

9 자부심 price□ pride□

5 자랑스러운 pray□ proud□

10 기차 train□ tray□

B 다음 우리말에 알맞은 단어를 골라 써 보세요.

1 The first _________ goes to Jenny.
(prize, price, pride)

1등상은 제니에게 주어진다.

2 I go on a _________ with my family.
(train, trip, trust)

나는 나의 가족과 함께 여행을 간다.

3 She is looking for a silver _________.
(tray, truck, train)

그녀는 은으로 된 쟁반을 찾고 있다.

4 They _________ their teacher.
(proud, pride, trust)

그들은 그들의 선생님을 신뢰한다.

5 This is the cheap _________ for a dress.
(price, pray, proud)

이것은 드레스치고 싼 가격이다.

C 다음 중 알맞은 것을 보기에서 골라 써 보세요.

| prize | proud | truck | pray | pride | train |

1 기도하다

2 자랑스러운

3 자부심

4 트럭

5 기차

6 상

D 다음 우리말을 영어로 옮긴 것이다. 틀린 철자를 /표 하고 올바르게 고쳐 써 보세요.

1 쟁반　trey　→

6 여행　grip　→

2 신뢰하다　tlust　→

7 가격　prize　→

3 상　prise　→

8 자랑스러운　praud　→

4 자부심　pribe　→

9 트럭　trusk　→

5 기차　trein　→

10 기도하다　prey　→

두 개의 자음 gh와 ph는 [f] 소리가 나요.

cough	laugh	rough	tough	phone
기침하다	웃다	거친	힘든/어려운	전화
cou□□	lau□□	rou□□	tou□□	□□one
□ou□h	l□u□h	□o□gh	t□ug□	p□o□e
c□□g□	□□ug□	r□u□□	□ou□□	□□on□
c□□□h	□au□□	□o□g□	to□□□	p□□□e

Listen & Write !　위의 단어들을 가려주세요.

거친	힘든/어려운	웃다	전화	기침하다

* 큰소리로 다섯 번 따라 읽어 보세요. ○○○○○

phonics	photo	nephew	orphan	graph
발음공부	사진	남자조카	고아	그래프
□□onics ph□n□c□ p□o□□cs	□□oto p□ot□ □h□t□	ne□□ew □ep□e□ n□ph□□	or□□an o□p□a□ □rp□□n	gra□□ g□□ph □ra□□
□hon□□□	□□□to	□□□□ew	o□p□□□	□□a□h

| 남자조카 | 사진 | 그래프 | 발음공부 | 고아 |

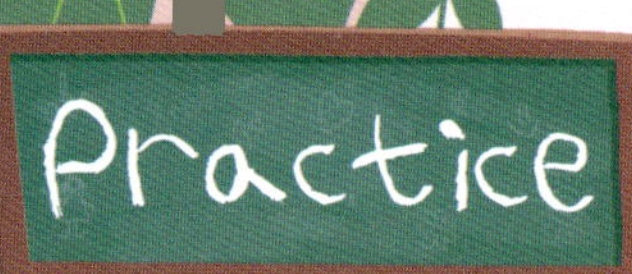

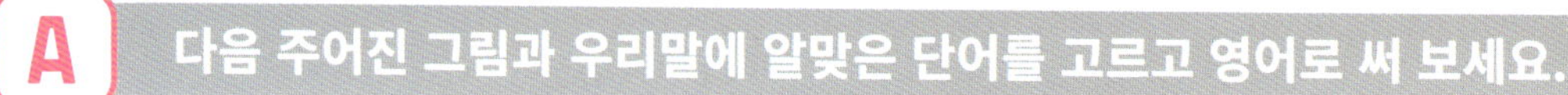

1 사진 graph☐ photo☐

6 거친 phone☐ rough☐

2 고아 orphan☐ phonics☐

7 기침하다 cough☐ orphan☐

3 전화 phone☐ nephew☐

8 발음공부 tough☐ phonics☐

4 그래프 rough☐ graph☐

9 남자조카 nephew☐ photo☐

5 힘든/어려운 laugh☐ tough☐

10 웃다 cough☐ laugh☐

1 The photographer prints the __________s.
(graph, phone, photo)

사진작가가 그 사진들을 인화한다.

2 The orphanage is for __________s.
(nephew, orphan, laugh)

고아원은 고아들을 위한 곳이다.

3 We choose a __________ road.
(rough, tough, phone)

우리는 거친 길을 선택한다.

4 When you __________, cover your mouth.
(laugh, cough, graph)

네가 기침할 때, 입을 가려라.

5 We started with __________.
(orphan, nephew, phonics)

우리는 발음공부로 시작했다.

C 다음 중 알맞은 것을 보기에서 골라 써 보세요.

1 전화

2 그래프

3 웃다

4 거친

5 남자조카

6 힘든/어려운

D 다음 우리말을 영어로 옮긴 것이다. 틀린 철자를 /표 하고 올바르게 고쳐 써 보세요.

1 발음공부   phoniks →

2 사진   phuto →

3 힘든/어려운   touch →

4 전화   phoni →

5 웃다   laush →

6 기침하다   cougr →

7 고아   orphen →

8 거친   roush →

9 그래프   grape →

10 남자조카   nephaw →

자음 c는 뒤에 오는 모음에 따라 연음 [s] 또는 경음 [k] 소리가 나요.

pencil	city	fancy	cyber	cage
연필	도시	고급스러운	사이버의	새장
pen□□l p□n□i□ □e□□il	□□ty □i□y ci□□	fan□□ □anc□ f□n□□	□□ber c□□er □y□e□	□□ge □a□e ca□□
□en□□□	□□t□	□a□c□	cy□□□	c□g□

Listen & Write ! 위의 단어들을 가려주세요.

사이버의	고급스러운	새장	도시	연필

* 큰소리로 다섯 번 따라 읽어 보세요. ○ ○ ○ ○ ○

car	card	color	corner	cure
자동차	카드	색깔	구석	치유하다
□□r	□□rd	□□lor	□□rner	□□re
c□r	□a□d	□o□or	□o□ne□	c□r□
c□□	□ar□	c□□□r	cor□□□	□u□e
□a□	ca□□	□ol□□	□□r□□r	□ur□

카드	치유하다	구석	자동차	색깔

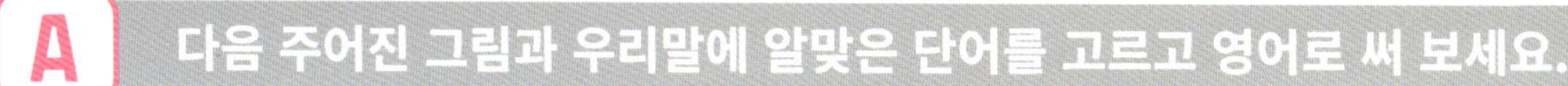

Practice

A 다음 주어진 그림과 우리말에 알맞은 단어를 고르고 영어로 써 보세요.

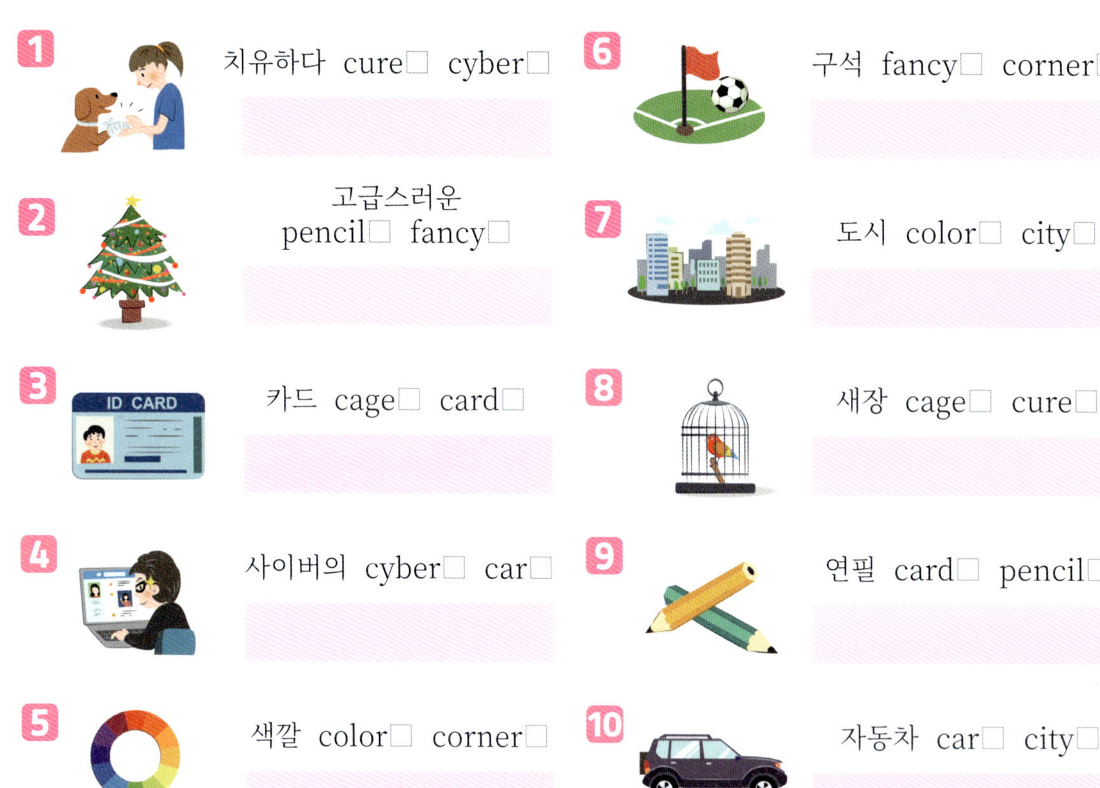

1 치유하다 cure☐ cyber☐

2 고급스러운 pencil☐ fancy☐

3 카드 cage☐ card☐

4 사이버의 cyber☐ car☐

5 색깔 color☐ corner☐

6 구석 fancy☐ corner☐

7 도시 color☐ city☐

8 새장 cage☐ cure☐

9 연필 card☐ pencil☐

10 자동차 car☐ city☐

B 다음 우리말에 알맞은 단어를 골라 써 보세요.

1 They played __________s after dinner.
(car, card, cage)

그들은 저녁식사 후에 카드를 쳤다.

2 This doctor __________d my grandfather.
(cure, corner, cyber)

이 의사는 나의 할아버지를 치유했다.

3 Busan is a very big __________.
(cyber, cage, city)

부산은 매우 큰 도시이다.

4 She ordered a __________ necklace.
(fancy, color, pencil)

그녀는 고급스러운 목걸이를 주문했다.

5 He is standing at the __________.
(color, cyber, corner)

그는 구석에 서있다.

다음 중 알맞은 것을 보기에서 골라 써 보세요.

cage   color   car   card   pencil   cyber

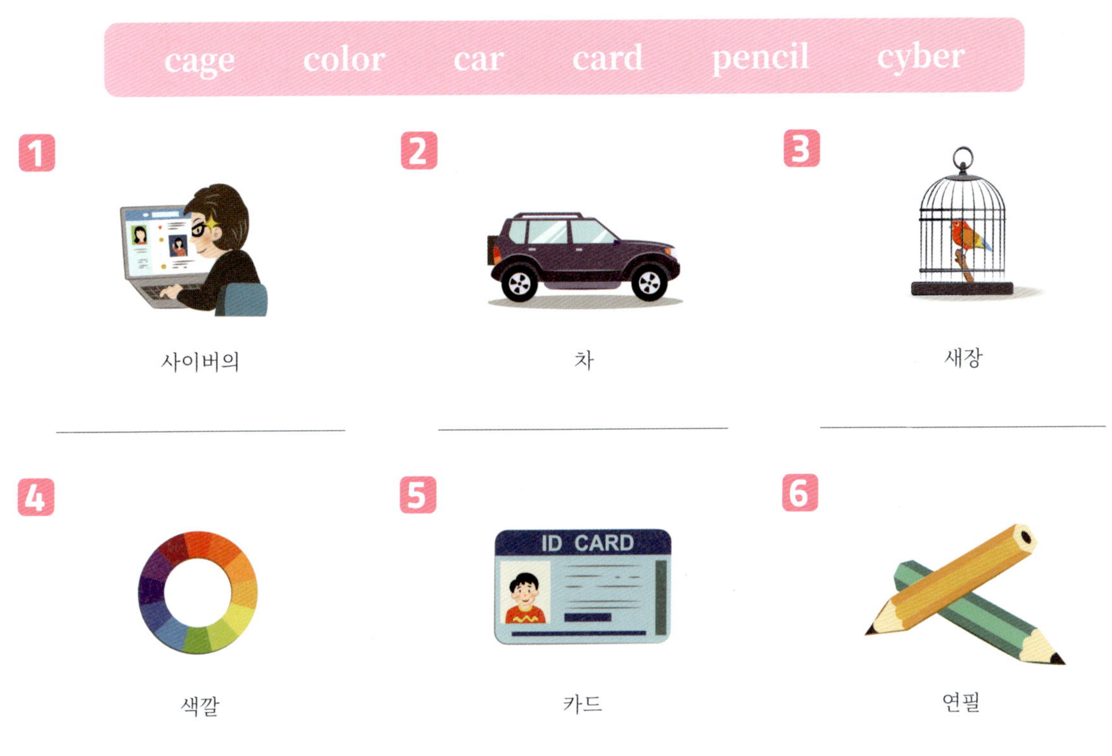

1	2	3
사이버의	차	새장
4	5	6
색깔	카드	연필

D   **다음 우리말을 영어로 옮긴 것이다. 틀린 철자를 /표 하고 올바르게 고쳐 써 보세요.**

1	구석	horner →	6	치유하다	kure →
2	고급스러운	pancy →	7	도시	cety →
3	카드	cord →	8	색깔	coror →
4	새장	caze →	9	사이버의	syber →
5	연필	pensil →	10	자동차	cor →

자음 c는 뒤에 오는 모음에 따라 연음 [dʒ] 또는 경음 [g] 소리가 나요.

age	large	magic	gym	gag
나이	큰	마법	체육관	개그/익살
a□□	lar□□	ma□□c	□□m	□□g
□ge	l□□ge	m□gi□	g□m	ga□
ag□	□a□□e	□a□i□	g□□	□a□
□□e	la□□□	□a□□c	□y□	g□□

Listen & Write! 위의 단어들을 가려주세요.

큰	체육관	개그/익살	나이	마법

* 큰소리로 다섯 번 따라 읽어 보세요. ○○○○○

gate	**ga**rden	**gu**ard	**gu**ess	**gu**est
대문	정원	경호원	추측하다	손님
□□te □at□ g□t□	□□rden □a□de□ g□□□en	□□ard □ua□d gu□□□	□□ess g□es□ □ue□□	□□est g□□st □u□s□
□□te	□ar□□□	g□□r□	□u□s□	gu□□□

경호원	정원	손님	대문	추측하다

1 대문 magic☐ gate☐

6 체육관 gym☐ garden☐

2 나이 age☐ guess☐

7 손님 gag☐ guest☐

3 경호원 guard☐ large☐

8 마법 magic☐ guest☐

4 정원 garden☐ gym☐

9 추측하다 guard☐ guess☐

5 개그 age☐ gag☐

10 큰 large☐ gate☐

B 다음 우리말에 알맞은 단어를 골라 써 보세요.

1 He promised to meet us at the __________.
(gag, gym, large)
그는 체육관에서 우리를 만나기로 약속했다.

2 They are the same __________.
(magic, age, guess)
그들은 같은 나이이다.

3 __________s wear a uniform.
(Garden, Guess, Guard)
경호원들은 유니폼을 입는다.

4 We passed three __________s.
(gate, gag, garden)
우리는 세 개의 대문을 통과했다.

5 She invites 100 __________s to wedding.
(guess, guest, magic)
그녀는 결혼식에 100명의 손님을 초대한다.

C 다음 중 알맞은 것을 보기에서 골라 써 보세요.

| large | gag | garden | gate | guess | magic |

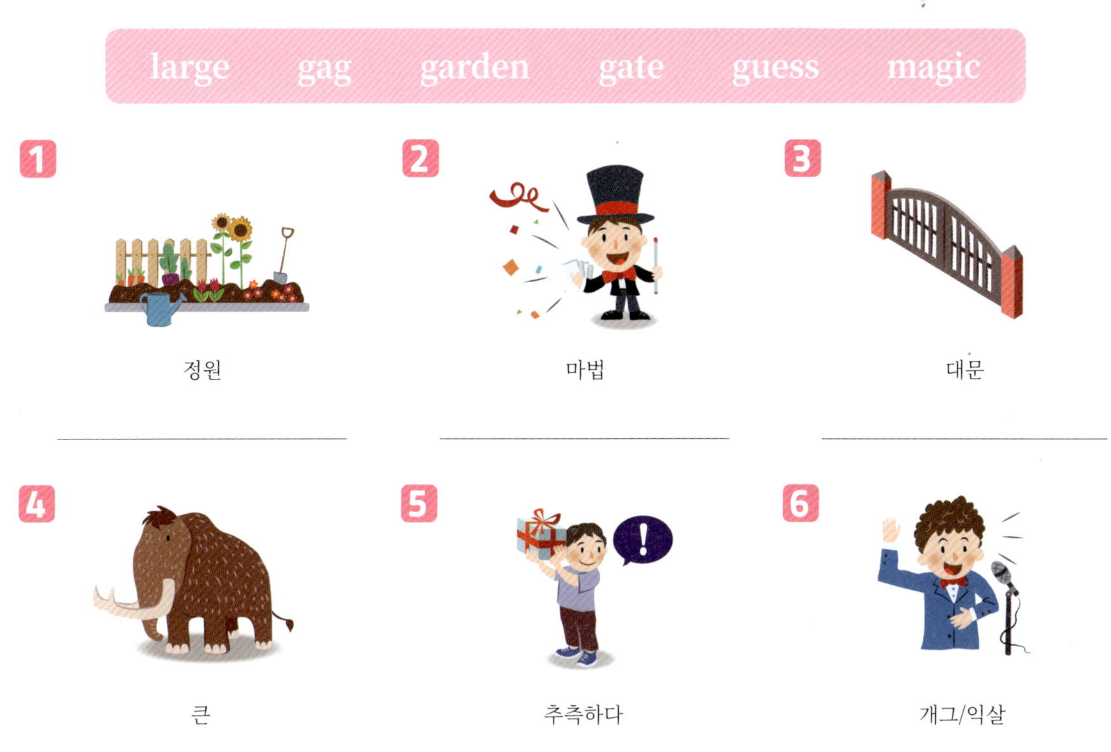

1 정원

____

2 마법

____

3 대문

____

4 큰

____

5 추측하다

____

6 개그/익살

____

D 다음 우리말을 영어로 옮긴 것이다. 틀린 철자를 /표 하고 올바르게 고쳐 써 보세요.

1 손님　guast →

6 경호원　kuard →

2 나이　agu →

7 체육관　gim →

3 대문　gete →

8 마법　masic →

4 개그/익살　gak →

9 정원　jarden →

5 추측하다　guass →

10 큰　lorge →

1 다음 우리말에 알맞게 빈칸을 채워 보세요.

1 corner - ⬜ - ⬜ - ⬜ - ⬜
구석　　자동차　　치유하다　　새장　　카드

2 phonics - ⬜ - ⬜ - ⬜ - ⬜
발음공부　　웃다　　기침하다　　전화　　고아

3 prize - ⬜ - ⬜ - ⬜ - ⬜
상　　자랑스러운　　기도하다　　가격　　자부심

4 great - ⬜ - ⬜ - ⬜ - ⬜
훌륭한/위대한　　회색　　그룹　　초록색　　등급/점수

5 garden - ⬜ - ⬜ - ⬜ - ⬜
정원　　손님　　경호원　　대문　　개그/익살

6 age - ⬜ - ⬜ - ⬜ - ⬜
나이　　마법　　체육관　　큰　　추측하다

7 fancy - ⬜ - ⬜ - ⬜ - ⬜
고급스러운　　색깔　　도시　　연필　　사이버의

8 France - ⬜ - ⬜ - ⬜ - ⬜
프랑스　　개구리　　신선한　　친구　　앞면

9 nephew - ⬜ - ⬜ - ⬜ - ⬜
남자조카　　그래프　　힘든/어려운　　사진　　거친

10 trust - ⬜ - ⬜ - ⬜ - ⬜
신뢰하다　　여행　　기차　　트럭　　쟁반

2 다음 문장의 빈칸에 알맞은 단어를 골라 보세요.

1 Don't _______ loud.
큰 소리로 웃지 마라.

① laugh ② cough ③ gag

2 I can't _______ the answer.
나는 답을 추측할 수 없다.

① gate ② great ③ guess

3 His son is _______ of him.
그의 아들은 그를 자랑스러워한다.

① proud ② pencil ③ group

4 This _______ shows the result.
이 그래프가 결과를 보여준다.

① rough ② graph ③ cyber

5 She lost a _______ scarf.
그녀는 초록색 스카프를 잃어버렸다.

① gray ② green ③ guard

6 He parked a _______ next to his house.
그는 그의 집 옆에 트럭을 주차했다.

① tough ② trust ③ truck

7 Which _______ do you need?
어느 색깔이 필요하니?

① phonics ② fancy ③ color

8 We recently bought a _______.
우리는 최근에 자동차 1대를 샀다.

① car ② age ③ gym

9 Old _______s are always welcome.
오래된 친구들은 언제나 환영이다.

① trip ② friend ③ nephew

10 The park is quite _______.
그 공원은 상당히 크다.

① fresh ② group ③ large

Word Test

Quiz book

2

Word **T**est

Unit 01 주어진 우리말을 영어로 바꿔보세요.

1	땅		6	블라우스	
2	생쥐		7	세다	
3	(소리가) 큰		8	둥근	
4	집		9	구름	
5	소리		10	영혼	

Unit 02 주어진 우리말을 영어로 바꿔보세요.

1	장난감		6	목소리	
2	가입(연결)하다		7	끓이다	
3	기름		8	기쁨	
4	소년		9	(알루미늄) 포장지/호일	
5	동전		10	즐기다	

Unit 03 주어진 우리말을 영어로 바꿔보세요.

1	정장		6	신호	
2	유람선 여행		7	풀	
3	단서/실마리		8	과일	
4	주스		9	파란색	
5	멍이 생기다		10	진짜의	

Word Test

Unit 04 주어진 우리말을 영어로 바꿔보세요.

1	마당		6	별	
2	수레/카트		7	일부	
3	전쟁		8	예술	
4	공원		9	어두운	
5	열심히/단단한		10	따뜻한	

Unit 05 주어진 우리말을 영어로 바꿔보세요.

1	호랑이		6	언니/여동생	
2	강		7	물	
3	운전자		8	은	
4	샤워(하다)		9	탑	
5	버터		10	힘	

✔ 오답체크

Word Test

Unit 06 주어진 우리말을 영어로 바꿔보세요.

1	새		6	수리하다
2	치마		7	전시회/공평한
3	공기		8	셔츠
4	짝		9	머리카락
5	먼지/때		10	의자

Unit 07 주어진 우리말을 영어로 바꿔보세요.

1	간호사		6	옥수수
2	포크		7	다치게 하다
3	(여성용) 지갑		8	돼지고기
4	불에 타다		9	털/모피
5	일하다		10	단어

Unit 08 주어진 우리말을 영어로 바꿔보세요.

1	철사		6	피곤해지다
2	(맛이) 신		7	관광
3	돌봄		8	준비하다
4	밀가루		9	붓다/따르다
5	불		10	함께 쓰다

Word Test

Unit 09 주어진 우리말을 영어로 바꿔보세요.

1	가까운		6	경력	
2	곰		7	듣다	
3	귀		8	맥주	
4	공포		9	눈물	
5	사슴		10	친애하는	

Unit 10 주어진 우리말을 영어로 바꿔보세요.

1	열쇠		6	사다	
2	칠면조		7	먹잇감	
3	꿀		8	원숭이	
4	사내		9	복종하다	
5	조사 (하다)		10	돈	

✓ 오답체크

Word Test

Unit 11 — 주어진 우리말을 영어로 바꿔보세요.

1	하늘		6	화창한	
2	미친		7	숙녀	
3	아기		8	울다	
4	노력하다		9	몸	
5	사탕		10	마른	

Unit 12 — 주어진 우리말을 영어로 바꿔보세요.

1	잡다		6	잡담하다	
2	만지다		7	~에 도달하다	
3	교회		8	가르치다	
4	부유한		9	어린이	
5	치즈		10	값이 싼	

Unit 13 — 주어진 우리말을 영어로 바꿔보세요.

1	고르다		6	그리스도	
2	(짐을)싸다		7	막대기	
3	차다		8	아픔	
4	합창곡		9	학교	
5	울림/메아리		10	간식	

Word Test

Unit 14 주어진 우리말을 영어로 바꿔보세요.

1	현금		6	밀다
2	생선		7	닫다
3	배		8	쓰레기
4	끝내다		9	접시/요리
5	빛나다		10	가게

Unit 15 주어진 우리말을 영어로 바꿔보세요.

1	형제		6	생각하다
2	목욕(하다)		7	남쪽
3	얇은/마른		8	수학
4	입		9	아버지
5	어머니		10	지구

✓ 오답체크

Word **T**est

Unit 16 주어진 우리말을 영어로 바꿔보세요.

1	누구		6	왜
2	흰색		7	어디에
3	언제		8	채찍
4	휘파람을 불다/호각		9	무엇
5	어느(것)		10	고래

Unit 17 주어진 우리말을 영어로 바꿔보세요.

1	샘플		6	간단한
2	작은		7	커플/쌍
3	삼촌		8	사과
4	병		9	거품
5	양초		10	퍼즐

Unit 18 주어진 우리말을 영어로 바꿔보세요.

1	날다		6	불다
2	깨끗한		7	닫다/가까운
3	꽃		8	괘종시계
4	깃발		9	플루트
5	분명한/치우다		10	검은색

● Unit 19 주어진 우리말을 영어로 바꿔보세요.

1	장소		6	더하기	
2	놀다		7	장갑	
3	기쁜		8	자다	
4	미끄러지다		9	계획(하다)	
5	비행기		10	유리(잔)	

● Unit 20 주어진 우리말을 영어로 바꿔보세요.

1	꿈(꾸다)		6	크림	
2	왕관		7	운전하다	
3	떨어지다		8	용감한	
4	마시다		9	그리다	
5	솔		10	드레스	

✔ 오답체크

Word Test

Unit 21 주어진 우리말을 영어로 바꿔보세요.

#	우리말	#	우리말
1	훌륭한 / 위대한	6	초록색
2	신선한	7	프랑스
3	등급 / 점수	8	회색
4	그룹	9	개구리
5	친구	10	앞면

Unit 22 주어진 우리말을 영어로 바꿔보세요.

#	우리말	#	우리말
1	트럭	6	상
2	기도하다	7	자부심
3	신뢰하다	8	기차
4	자랑스러운	9	여행
5	쟁반	10	가격

Unit 23 주어진 우리말을 영어로 바꿔보세요.

#	우리말	#	우리말
1	전화	6	힘든 / 어려운
2	사진	7	거친
3	기침하다	8	고아
4	그래프	9	발음공부
5	남자조카	10	웃다

Word **T**est

Unit 24 주어진 우리말을 영어로 바꿔보세요.

1	자동차		6	사이버의
2	색깔		7	도시
3	고급스러운		8	카드
4	새장		9	구석
5	치유하다		10	연필

Unit 25 주어진 우리말을 영어로 바꿔보세요.

1	정원		6	나이
2	손님		7	대문
3	마법		8	추측하다
4	개그/익살		9	체육관
5	경호원		10	큰

✔ 오답체크

Answer

Answer

◘ Unit 01 — p. 10

blouse, house, cloud, ground, mouse, count, soul, sound, round, loud

Practice — p. 12

A. 1. round 2. house 3. count 4. ground 5. mouse
6. blouse 7. loud 8. sound 9. soul 10. cloud

B. 1. round 2. blouse 3. loud 4. house 5. count

C. 1. ground 2. blouse 3. mouse 4. soul 5. cloud
6. sound

D. 1. round 2. house 3. sound 4. cloud 5. ground
6. loud 7. count 8. blouse 9. soul 10. mouse

◘ Unit 02 — p. 14

join, coin, oil, boil, foil, boy, joy, enjoy, toy, voice

Practice — p. 16

A. 1. enjoy 2. boil 3. toy 4. oil 5. boy
6. voice 7. coin 8. foil 9. join 10. joy

B. 1. joy 2. toy 3. boil 4. coin 5. voice

C. 1. join 2. enjoy 3. oil 4. joy 5. foil 6. boy

D. 1. coin 2. toy 3. enjoy 4. oil 5. foil
6. voice 7. boil 8. boy 9. join 10. joy

◘ Unit 03 — p. 18

glue, bruise, clue, blue, true, juice, fruit, cruise, cue, suit

Practice — p. 20

A. 1. suit 2. juice 3. blue 4. bruise 5. glue
6. cruise 7. clue 8. true 9. fruit 10. cue

B. 1. suit 2. clue 3. true 4. juice 5. blue

C. 1. cue 2. clue 3. bruise 4. fruit 5. glue 6. cruise

D. 1. juice 2. blue 3. clue 4. bruise 5. cruise
6. suit 7. true 8. fruit 9. cue 10. glue

◘ Unit 04 — p. 22

cart, art, yard, part, hard, warm, dark, war, park, star

Practice — p. 24

A. 1. star 2. part 3. warm 4. yard 5. art
6. cart 7. dark 8. hard 9. war 10. park

B. 1. star 2. cart 3. part 4. warm 5. dark

C. 1. park 2. war 3. cart 4. art 5. yard 6. hard

D. 1. star 2. part 3. cart 4. hard 5. war
6. warm 7. dark 8. park 9. yard 10. art

◘ Unit 05 — p. 26

tiger, water, silver, butter, river, shower, sister, driver, tower, power

Practice — p. 28

A. 1. tiger 2. river 3. driver 4. tower 5. silver
6. shower 7. butter 8. power 9. sister 10. water

B. 1. driver 2. river 3. shower 4. butter 5. tiger

C. 1. silver 2. power 3. sister 4. river 5. water
6. tower

D. 1. driver 2. butter 3. tiger 4. tower 5. sister
6. shower. 7. river 8. silver 9. water 10. power

Review Test 01–05

Review Test 1 — p. 30

1. sound, cloud, mouse, count **2.** round, house, soul, loud **3.** toy, coin, foil, boy **4.** oil, enjoy, boil, joy **5.** suit, juice, glue, blue **6.** cue, clue, true, fruit **7.** hard, art, park, star **8.** war, part, dark, warm **9.** sister, tower, river, water **10.** power, silver, butter, shower

Review Test 2 — p. 31

1. ③ **2.** ③ **3.** ② **4.** ② **5.** ③ **6.** ② **7.** ① **8.** ③ **9.** ① **10.** ②

Unit 06 — p.32

pair, fair, air, chair, hair, dirt, shirt, repair, skirt, bird

Practice — p.34

A. 1. pair 2. fair 3. hair 4. bird 5. skirt
   6. dirt 7. air 8. shirt 9. repair 10. chair
B. 1. hair 2. chair 3. bird 4. repair 5. skirt
C. 1. fair 2. air 3. bird 4. pair 5. dirt 6. shirt
D. 1. hair 2. skirt 3. bird 4. air 5. shirt
   6. repair 7. chair 8. fair 9. pair 10. dirt

Unit 07 — p.36

corn, fork, pork, word, work, nurse, hurt, fur, purse, burn

Practice — p.38

A. 1. pork 2. fork 3. hurt 4. purse 5. burn
   6. work 7. nurse 8. word 9. fur 10. corn
B. 1. fork 2. nurse 3. hurt 4. work 5. word
C. 1. purse 2. work 3. burn 4. pork 5. corn 6. fur
D. 1. hurt 2. fork 3. work 4. fur 5. burn
   6. word 7. nurse 8. purse 9. corn 10. pork

Unit 08 — p.40

share, tire, fire, care, prepare, sour, wire, tour, pour, flour

Practice — p.42

A. 1. share 2. tour 3. sour 4. pour 5. tire
   6. wire 7. prepare 8. fire 9. flour 10. care
B. 1. sour 2. tour 3. prepare 4. wire 5. share
C. 1. flour 2. fire 3. sour 4. tire 5. care 6. pour
D. 1. wire 2. share 3. sour 4. pour 5. care
   6. prepare 7. tour 8. flour 9. fire 10. tire

Unit 09 — p.44

fear, near, hear, dear, ear, beer, deer, career, tear, bear

Practice — p.46

A. 1. hear 2. beer 3. tear 4. career 5. dear
   6. bear 7. ear 8. deer 9. near 10. fear
B. 1. bear 2. ear 3. Tear 4. hear 5. beer
C. 1. career 2. near 3. hear 4. dear 5. deer 6. fear
D. 1. hear 2. bear 3. beer 4. fear 5. deer
   6. tear 7. ear 8. near 9. career 10. dear

Unit 10 — p.48

survey, key, honey, obey, prey, monkey, guy, money, turkey, buy

Practice — p.50

A. 1. survey 2. buy 3. monkey 4. money 5. key
   6. honey 7. prey 8. guy 9. obey 10. turkey
B. 1. honey 2. survey 3. buy 4. prey 5. monkey
C. 1. money 2. guy 3. obey 4. key 5. turkey 6. buy
D. 1. honey 2. monkey 3. buy 4. obey 5. turkey
   6. survey 7. prey 8. money 9. key 10. guy

Review Test 06–10

Review Test 1 — p.52

1. hair, air, pair, chair 2. bird, fair, dirt, skirt
3. corn, word, fork, work 4. hurt, nurse, burn, fur
5. fire, care, tire, prepare 6. tour, sour, flour, pour
7. ear, fear, tear, bear 8. beer, deer, hear, near
9. key, obey, honey, money 10. buy, survey, guy, monkey

Review Test 2 — p.53

1. ③ 2. ② 3. ① 4. ③ 5. ② 6. ② 7. ① 8. ③ 9. ② 10. ②

Answer

Unit 11 — p.54

try, cry, baby, sky, dry, crazy, lady, body, candy, sunny

Practice — p.56

A. 1. lady 2. try 3. sunny 4. body 5. sky
6. baby 7. dry 8. crazy 9. cry 10. candy
B. 1. lady 2. sunny 3. cry 4. baby 5. try
C. 1. crazy 2. candy 3. sunny 4. sky 5. body 6. cry
D. 1. dry 2. baby 3. sunny 4. body 5. sky
6. try 7. lady 8. candy 9. crazy 10. cry

Unit 12 — p.58

child, cheap, chat, cheese, church, teach, catch, touch, reach, rich

Practice — p.60

A. 1. church 2. touch 3. teach 4. catch 5. rich
6. reach 7. chat 8. cheap 9. cheese 10. child
B. 1. teach 2. chat 3. church 4. reach 5. touch
C. 1. teach 2. cheap 3. rich 4. catch 5. child
6. cheese
D. 1. reach 2. chat 3. cheap 4. rich 5. cheese
6. touch 7. church 8. teach 9. child 10. catch

Unit 13 — p.62

school, Christ, echo, chorus, ache, stick, snack, pick, kick, pack

Practice — p.64

A. 1. school 2. pick 3. pack 4. snack 5. ache
6. stick 7. chorus 8. echo 9. kick 10. Christ
B. 1. pack 2. stick 3. chorus 4. pick 5. school
C. 1. ache 2. Christ 3. echo 4. stick 5. kick 6. snack
D. 1. pick 2. school 3. stick 4. Christ 5. snack
6. pack 7. chorus 8. ache 9. echo 10. kick

Unit 14 — p.66

shut, ship, cash, shop, shine, push, trash, fish, finish, dish

Practice — p.68

A. 1. shut 2. fish 3. ship 4. shop 5. push
6. dish 7. finish 8. cash 9. trash 10. shine
B. 1. dish 2. shut 3. finish 4. ship 5. fish
C. 1. shop 2. dish 3. shine 4. push 5. trash 6. cash
D. 1. fish 2. ship 3. dish 4. cash 5. shine
6. shut 7. finish 8. shop 9. push 10. trash

Unit 15 — p.70

mother, father, thin, brother, think, math, south, mouth, bath, earth

Practice — p.72

A. 1. bath 2. think 3. mouth 4. father 5. south
6. math 7. mother 8. thin 9. earth 10. brother
B. 1. bath 2. mouth 3. mother 4. think 5. math
C. 1. brother 2. south 3. thin 4. mother 5. earth
6. father
D. 1. mother 2. think 3. south 4. brother 5. thin
6. mouth 7. bath 8. math 9. earth 10. father

Review Test 11–15

Review Test 1 — p.74

1. echo, kick, snack, pick **2.** body, lady, baby, candy **3.** chat, teach, cheese, cheap **4.** try, cry, sky, dry **5.** math, mouth, bath, south **6.** school, stick, pack, Christ **7.** fish, shop, push, shut
8. child, reach, catch, rich **9.** think, father, thin, mother **10.** cash, ship, trash, dish

Review Test 2 — p.75

1. ① **2.** ② **3.** ② **4.** ① **5.** ③ **6.** ③ **7.** ② **8.** ① **9.** ③ **10.** ②

Answer

�‍◉ Unit 21 ——————— p. 98

friend, France, frog, front, fresh, green, group, gray, grade, great

Practice ·········· p. 100

A. 1. great 2. front 3. frog 4. friend 5. fresh
   6. grade 7. France 8. green 9. group 10. gray
B. 1. grade 2. front 3. great 4. France 5. frog
C. 1. friend 2. green 3. fresh 4. great 5. group
   6. gray
D. 1. front 2. frog 3. group 4. fresh 5. green
   6. grade 7. France 8. great 9. friend 10. gray

◉ Unit 22 ——————— p. 102

prize, pray, proud, price, pride, trust, trip, tray, train, truck

Practice ·········· p. 104

A. 1. tray 2. trust 3. trip 4. truck 5. proud
   6. price 7. prize 8. pray 9. pride 10. train
B. 1. prize 2. trip 3. tray 4. trust 5. price
C. 1. pray 2. proud 3. pride 4. truck 5. train 6. prize
D. 1. tray 2. trust 3. prize 4. pride 5. train
   6. trip 7. price 8. proud 9. truck 10. pray

◉ Unit 23 ——————— p. 106

rough, tough, laugh, phone, cough, nephew, photo, graph, phonics, orphan

Practice ·········· p. 108

A. 1. photo 2. orphan 3. phone 4. graph 5. tough
   6. rough 7. cough 8. phonics 9. nephew 10. laugh
B. 1. photo 2. orphan 3. rough 4. cough 5. phonics
C. 1. phone 2. graph 3. laugh 4. rough 5. nephew
   6. tough
D. 1. phonics 2. photo 3. tough 4. phone 5. laugh
   6. cough 7. orphan 8. rough 9. graph 10. nephew

◉ Unit 24 ——————— p. 110

cyber, fancy, cage, city, pencil, card, cure, corner, car, color

Practice ·········· p. 112

A. 1. cure 2. fancy 3. card 4. cyber 5. color
   6. corner 7. city 8. cage 9. pencil 10. car
B. 1. card 2. cure 3. city 4. fancy 5. corner
C. 1. cyber 2. car 3. cage 4. color 5. card 6. pencil
D. 1. corner 2. fancy 3. card 4. cage 5. pencil
   6. cure 7. city 8. color 9. cyber 10. car

◉ Unit 25 ——————— p. 114

large, gym, gag, age, magic, guard, garden, guest, gate, guess

Practice ·········· p. 116

A. 1. gate 2. age 3. guard 4. garden 5. gag
   6. gym 7. guest 8. magic 9. guess 10. large
B. 1. gym 2. age 3. Guard 4. gate 5. guest
C. 1. garden 2. magic 3. gate 4. large 5. guess
   6. gag
D. 1. guest 2. age 3. gate 4. gag 5. guess
   6. guard 7. gym 8. magic 9. garden 10. large

Review Test 21–25

Review Test 1 ·········· p. 118

1. car, cure, cage, card **2.** laugh, cough, phone, orphan **3.** proud, pray, price, pride **4.** gray, group, green, grade **5.** guest, guard, gate, gag **6.** magic, gym, large, guess **7.** color, city, pencil, cyber
8. frog, fresh, friend, front **9.** graph, tough, photo, rough **10.** trip, train, truck, tray

Review Test 2 ·········· p.119

1. ① **2.** ③ **3.** ① **4.** ② **5.** ② **6.** ③ **7.** ③ **8.** ① **9.** ② **10.** ③

Word Test

Answer

Word Test Answer

Word Test 01–03 ·········· p. 121

Uint 01

1. ground 2. mouse 3. loud 4. house 5. sound
6. blouse 7. count 8. round 9. cloud 10. soul

Uint 02

1. toy 2. join 3. oil 4. boy 5. coin
6. voice 7. boil 8. joy 9. foil 10. enjoy

Uint 03

1. suit 2. cruise 3. clue 4. juice 5. bruise
6. cue 7. glue 8. fruit 9. blue 10. true

Word Test 04–05 ·········· p. 122

Uint 04

1. yard 2. cart 3. war 4. park 5. hard
6. star 7. part 8. art 9. dark 10. warm

Uint 05

1. tiger 2. river 3. driver 4. shower 5. butter
6. sister 7. water 8. silver 9. tower 10. power

Word Test 06–08 ·········· p. 123

Uint 06

1. bird 2. skirt 3. air 4. pair 5. dirt
6. repair 7. fair 8. shirt 9. hair 10. chair

Uint 07

1. nurse 2. fork 3. purse 4. burn 5. work
6. corn 7. hurt 8. pork 9. fur 10. word

Uint 08

1. wire 2. sour 3. care 4. flour 5. fire
6. tire 7. tour 8. prepare 9. pour 10. share

Word Test 09–10 ·········· p. 124

Uint 09

1. near 2. bear 3. ear 4. fear 5. deer
6. career 7. hear 8. beer 9. tear 10. dear

Uint 10

1. key 2. turkey 3. honey 4. guy 5. survey
6. buy 7. prey 8. monkey 9. obey 10. money

Word Test 11–13 ·········· p. 125

Uint 11

1. sky 2. crazy 3. baby 4. try 5. candy
6. sunny 7. lady 8. cry 9. body 10. dry

Uint 12

1. catch 2. touch 3. church 4. rich 5. cheese
6. chat 7. reach 8. teach 9. child 10. cheap

Uint 13

1. pick 2. pack 3. kick 4. chorus 5. echo
6. Christ 7. stick 8. ache 9. school 10. snack

Word Test 14–15 ·········· p. 126

Uint 14

1. cash 2. fish 3. ship 4. finish 5. shine
6. push 7. shut 8. trash 9. dish 10. shop

Uint 15

1. brother 2. bath 3. thin 4. mouth 5. mother
6. think 7. south 8. math 9. father 10. earth

◑ Word Test 16−18 p. 127

Uint 16

1. who 2. white 3. when 4. whistle 5. which
6. why 7. where 8. whip 9. what 10. whale

Uint 17

1. sample 2. little 3. uncle 4. bottle 5. candle
6. simple 7. couple 8. apple 9. bubble 10. puzzle

Uint 18

1. fly 2. clean 3. flower 4. flag 5. clear
6. blow 7. close 8. clock 9. flute 10. black

◑ Word Test 19−20 p. 128

Uint 19

1. place 2. play 3. glad 4. slip 5. plane
6. plus 7. gloves 8. sleep 9. plan 10. glass

Uint 20

1. dream 2. crown 3. drop 4. drink 5. brush
6. cream 7. drive 8. brave 9. draw 10. dress

◑ Word Test 21−23 p. 129

Uint 21

1. great 2. fresh 3. grade 4. group 5. friend
6. green 7. France 8. gray 9. frog 10. front

Uint 22

1. truck 2. pray 3. trust 4. proud 5. tray
6. prize 7. pride 8. train 9. trip 10. price

Uint 23

1. phone 2. photo 3. cough 4. graph 5. nephew
6. tough 7. rough 8. orphan 9. phonics 10. laugh

◑ Word Test 24−25 p. 130

Uint 24

1. car 2. color 3. fancy 4. cage 5. cure
6. cyber 7. city 8. card 9. corner 10. pencil

Uint 25

1. garden 2. guest 3. magic 4. gag 5. guard
6. age 7. gate 8. guess 9. gym 10. large